OBERDAN SANTOS DA COSTA

INTELIGÊNCIA ARTIFICIAL

ENTENDA COMO ELA FUNCIONA E PODE CONTRIBUIR PARA SEUS NEGÓCIOS

EDITORA CIÊNCIA MODERNA

Inteligência Artificial – Entenda como ela funciona e pode contribuir para seus negócios

Editor: Paulo André P. Marques
Produção Editorial: Dilene Sandes Pessanha
Capa: Denis Aldeoni de Menezes Amorim e Oberdan Santos da Costa
Diagramação: Daniel Jara
Copidesque: Equipe Ciência Moderna

FICHA CATALOGRÁFICA

COSTA, Oberdan Santos da.

Inteligência Artificial – Entenda como ela funciona e pode contribuir para seus negócios

Rio de Janeiro: Editora Ciência Moderna Ltda., 2021.

1. Administração de Projetos
I — Título

ISBN: 978-65-5842-098-9 CDD 658.404

Editora Ciência Moderna Ltda.
R. Alice Figueiredo, 46 – Riachuelo
Rio de Janeiro, RJ – Brasil CEP: 20.950-150
Tel: (21) 2201-6662/ Fax: (21) 2201-6896
E-MAIL: LCM@LCM.COM.BR
WWW.LCM.COM.BR **09/21**

Apresentação

Se você pegou este livro, deu um grande passo em direção à transformação digital para entender sobre a origem, funcionamento e os progressos que a Inteligência Artificial vem protagonizando em vários setores de negócios no mundo. E pensar que há pouco mais de cinco anos, saímos de um simples sistema de chatbox - software que tenta simular um ser humano na conversação com as pessoas, para adentrar em áreas de sistemas que identificam precocemente doenças como câncer, diabetes e esquizofrenia.

Essa esteira do progresso tecnológico da inteligência artificial se estende atualmente a quase todos os setores da economia global e à sociedade como um todo. Numa visão de tendências para 2020 o site cio.com.br destaca que "A inteligência artificial (IA) se tornou parte integrante de praticamente todos os segmentos da indústria de tecnologia. Essa visão toma mais corpo com base em recente Pesquisa pelo Gartner 2019, na qual mostra que 14% das organizações empregam IA e quase 50% pretendem fazê-lo em 2020. A sua adoção tem causado impacto em aplicativos, ferramentas de desenvolvimento, plataformas de computação, sistemas de gerenciamento de banco de dados, middleware, ferramentas de gerenciamento e monitoramento - quase tudo em TI. Embora existam muitos avanços tecnológicos, esses vêm sendo empregados de forma isolada nas soluções de problemas em organizações específicas, em função de seu alto custo de implementação. É necessário, portanto, melhorar o entendimento das pessoas e principalmente dos líderes empresariais a respeito dessa tecnologia para ampliarmos as implementações com vistas a redução de custos. Mas, isso só é possível à medida que fornecemos conteúdo com clareza a respeito das soluções analíticas que funcionam com essa tecnologia.

Assim, à medida que melhoramos o entendimento das pessoas e dos líderes empresariais, esclarecemos dúvidas relacionadas a IA, aumentamos a clareza e visibilidade das pessoas a respeito das soluções tecnológicas e do quanto essa pode ser útil para o bem-estar e valiosa para os seus negócios.

Soluções tecnológicas com uso de IA estão dando às máquinas poderes para ver, ouvir, provar, cheirar, tocar, andar, voar e aprender de várias maneiras. Isso significa oportunidade para os líderes das empresas desenvolverem novas formas de interagir com seus clientes, oferecer-lhes novos produtos e experiências de serviço muito mais inteligentes, automatizarem processos e impulsionar o crescimento comercial.

Atualmente, IA é a solução tecnológica exponencial mais poderosa disponível para a humanidade. Líderes de empresas estão vendo a magnitude das oportunidades que IA traz para o mercado, bem como seus riscos de ficar para trás. Eles reconhecem que o maior erro que se pode cometer nesse momento é ignorá-la.

Embora se saiba que ainda existe uma enorme confusão sobre IA. Isso porque alguns veem IA como uma ameaça a força de trabalho, enquanto outros acreditam que a IA aquilatara responsabilidade para a evolução das forças de trabalho das sociedades e que, certamente tornará o ser humano mais analítico e crítico, além de resolver desafios da humanidade, desde enfrentar as mudanças climáticas até curar doenças.

Ainda é comum as pessoas relacionarem Inteligência Artificial a robôs e a filmes de ficção científica, talvez, elas não tenham percebido que esta tecnologia está muito próxima da sua realidade.

O propósito deste livro visa conduzir você a ver de perto essa realidade. Seu conteúdo a respeito de Inteligência Artificial foi concebido para que você tenha uma leitura fácil e agradável, evitando alguns termos técnico e sem modelos estatísticos, o que o torna acessível para o maior número de pessoas possíveis.

Este livro é um esforço para produzir entendimento sobre essa tecnologia dentro de numa visão de negócio, que vai desde um olhar estatístico passando por análises até a IA propriamente dita, por isso, foi escrito no intuito de tornar os conceitos por trás da IA e suas chaves de implementação tão acessíveis quanto possível. Espero que este livro seja valioso e útil para você.

Prefácio

Acredito que a memória seja uma das maiores dádivas que possuímos, por isso, devemos exercitá-la sempre; a inteligência, junto com a memória, forma um amálgama capaz de nos fornecer soluções de problemas inimagináveis.
E por que estou referindo-me à memória e à inteligência? Explicar-me-ei. Convidada por Oberdan Costa para prefaciar o livro Inteligência Artificial: entenda como ela funciona e pode contribuir para seus negócios, que também conta com a colaboração de Luís Cunha e Ana Luiza Costa, descobri que o tema, Inteligência Artificial é um presente que pensávamos estar distante de nós.

O ser humano, geralmente, é refratário a mudanças que impactam seu cotidiano, embora reconheça as facilidades da tecnologia, ainda assim, no que diz respeito à aplicabilidade para alavancar os negócios em sua empresa, mostra-se relutante à quebra de paradigmas.

Durante a seleção de casos escolhidos para compor este livro, Oberdan deixa de lado a tentação de prescrever e impor alguma concepção fora do perfil da IA. Tanto é verdade que, em dado momento, lança mão de escritura até mesmo pedagógica, quando faz uso de uma fábula para, assim, apresentar o tema o mais ilustrativo possível, de algo que pode parecer fora dos limites de nossa compreensão.

O leitor, como é natural, vai se deparar com uma estrutura de conceitos técnicos e, página por página, o autor vai encaminhando a solução mais adequada possível aos vários exemplos e situações citadas. Vale a pena considerar, aqui, que o empresário, o estudante de TI e o leitor comum que gosta de literatura desse gênero terá, diante de si, uma gama de perguntas e respostas práticas de como o uso de IA, na perspectiva de negócio traz um enorme benefício.
O livro não negligencia, também, questões de ordem ética e que estão ligadas aos direitos humanos, sua dimensão de poder e atuação. No artigo sobre essa temática, a autora refere o direito como prioridade numa sociedade em que

a condição humana ainda não se livrou do fardo da questão da desigualdade social.

Vera Giusti

Sobre o Autor

Oberdan S. da Costa. Consultor e pesquisador brasileiro. Apaixonado pelos desafios do uso de estatística, Machine Learning, AI, business *analytics*, predictive modeling, IoT e Big Data em um ambiente de negócios, onde existem dados incompletos, dados enviesados, grandes volumes de dados onde é difícil separar o sinal dos ruídos, alta variância e múltiplas funções de objetivos. Membro do conselho executivo da União Brasileira de Escritores (UBE-MA). Doutor em Ciência da Informação pela Universidade Fernando Pessoa em Porto-Portugal. Mestrado em gestão de empresas pela Universidade Lusófona de Humanidades e Tecnologias (2014-2015), em Lisboa-Portugal. MBA Executivo em Gestão Empresarial pelas Faculdades de Ciências Gerenciais da Bahia (2011-2013). Especialização em Formação de Consultores Organizacionais - FCO pelo ISAN-FGV (2007), Especialização em gestão empresarial pelo ISAN-FGV (2003).

Agradecimentos

Se conhecemos um ser humano pelas pessoas com quem anda, posso dizer que tenho muita sorte. A lista de pessoas a quem preciso agradecer por possibilitarem que eu escrevesse este livro começa com minha esposa, Selma e minhas filhas, Luiza e Mariana. (Quando comentei com elas sobre os personagens do livro, todas acharam muito engraçado e foi um momento de muita descontração e felicidade, pois procuraram saber de imediato como isso se passava). Elas sempre me deram um apoio incrível e eu as amo demais.

Embora sempre muito ocupado, ele nunca mediu esforços para conversar e responder aos meus questionamentos sobre vários pontos que deram direção ao livro. Assim, meu agradecimento ao Professor Luís Borges pelo incentivo e ajuda neste livro.

Foi um privilégio contar com tantas outras pessoas que estimularam minha imaginação e raciocínio e com quem pude trocar ideias.

Agradeço a Vera Giusti pela tradução do trabalho de Luiz Simões Cunha da língua português-Portugal para o português-Brasil.

Meu agradecimento ao amigo Denis Aldeoni pelo desenvolvimento da figura na capa - cérebro como legenda. Essa traz uma visão geral da IA atuando em vários setores da economia global.

Sumário

Introdução

Atualmente, diferentes categorias de Inteligência Artificial (IA) estão presentes em vários setores da economia global em função da sua importância nas inovações e transformações digitais para os negócios das organizações. Muitos desses setores estão em fase de Reestruturação ou Crescimento e adotam as tecnologias de IA para soluções de problemas lineares e complexos em diversas situações da vida real. No top das 10 tecnologias emergentes em 2019, apresentadas pelo Fórum Econômico Mundial para melhorar as economias e a sociedade como um todo, 5 delas envolvem Inteligência Artificial e fornecem soluções para muitos dos desafios que o mundo enfrenta hoje. Essas tecnologias exponenciais têm acelerado o ritmo das inovações de forma contínua e direcionam a humanidade para um futuro mais sustentável e inclusivo, fornecendo, assim, uma clara evidência de que estamos diante da Quarta Revolução Industrial e que, é o momento perfeito para as empresas começarem a introduzir Inteligência Artificial em seus projetos. Podemos dizer então que a IA é a quarta revolução industrial, guiada pela máquina a vapor aprendizagem superficial ou profunda, em que os dados são o seu carvão e a matéria-prima que alimenta nossas máquinas inteligentes, sem a qual nada seria possível, pois infinitas possibilidades vêm sendo criadas com IA. Nesse ínterim muito nos é prometido, desde carros autônomos com ruas adaptadas até uma combinação de Inteligências Artificiais para suprir uma variedade de necessidades da humanidade. De um lado IA parece suprir, por outro lado ainda se mostra um assunto nebuloso, pois, para muitas pessoas, os trabalhos humanos serão cada vez mais escassos e a maior parte da atividade econômica será manipulada por robôs ou agentes da IA. Embora o quadro futuro aparente seja nebuloso, pelos desafios que a sociedade enfrentará, particularmente sobre a força de trabalho, pode-se dizer que a IA está posicionada como uma das tecnologias exponenciais que mais aquilata responsabilidade para a evolução das forças de trabalho das sociedades e que certamente tornará o ser humano mais analítico e crítico. Em complemento ao que nos é prometido, arrisco dizer que muito em breve estaremos diante da era *Two Times* (TT). Falo dessa era

TT, como uma ação que pode vir a ocorrer no primeiro ou segundo momento. Atualmente, treinamos os sistemas por meio de aprendizados indutivos com dados suficientes para imitar funções cognitivas, solucionar problemas e disponibilizar informações para uma pessoa tomar decisão (momento um). Caso essa decisão não seja tomada em tempo hábil, por algum motivo, não relatado, a IA terá capacidade de discernir o ambiente e agir para uma tomada de decisão mais acertada (momento dois).

Embora o momento seja excitante e emocionante em função das inúmeras descobertas, convém ressaltar que ainda estamos em um estágio primitivo do desenvolvimento da Inteligência Artificial, ou seja, temos muito o que fazer e que, muito em breve haverá uma redefinição sobre o que a Inteligência Artificial representará para nós. Isso tudo nos remete a um futuro muito presente que envolve várias mudanças, sendo que a maior parte dessas mudanças é em função do conhecimento, bem como da redução do custo dele em conjunto com a facilidade de acesso das pessoas à internet. O resultado parece previsível, pois as transformações radicais acontecem o tempo todo e vão impactando a vida das pessoas e os negócios para melhor. Assim, ao olharmos para algumas das áreas-chave do trabalho da IA e as forças que as impulsionaram, talvez possamos entender melhor os futuros desenvolvimentos no campo tecnológico.

No geral, podemos dizer que as mudanças são sempre bem-vindas e que a ampla utilização dessa tecnologia tem feito dela uma ponte para transformação de dados em inovação, progresso e oportunidades para atender a uma variedade de necessidades humanas. Embora a IA tenha feito muitos progressos em diversos setores da economia parece haver, ainda, muitas dúvidas sobre o funcionamento dessa tecnologia, bem como ela de fato pode contribuir com os negócios das organizações. Além dessas dúvidas, questões como: que tipo de organizações estão usando IA? Quais soluções essas organizações vêm adotando para resolver que tipo de problema? Uma abordagem de esclarecimento e respostas às questões lançadas pode clarificar um novo olhar para essa tecnologia e realinhar a atenção daqueles que, por algum motivo não conseguem ver qualquer importância na mesma para seu negócio. Acredito que, ao esclarecer as dúvidas relacionadas a IA, ao mesmo tempo aumento o entendimento e visibilidade das pessoas a respeito dessa tecnologia e do quanto pode ser útil e valiosa para os seus negócios.

À medida que as pessoas começarem a visualizar e entender os impactos que essa tecnologia pode oferecer para os seus negócios, mais oportunidades de uso irão se revelar. O maior diferencial dessa tecnologia está no seu conjunto de diferentes tipos de soluções de análises, o que amplia as possibilidades de aplicação dessa tecnologia, pois podem-se ter soluções dos tipos descritivo, diagnóstico, preditivo, prescritivo e cognitivo. Por exemplo, empresas prestadoras de serviços podem buscar entender o que está acontecendo nos negócios? Por que, quando e como aconteceu?

Com base em dados históricos e atuais se constroem soluções "Modelos de eficiência operacional modernos" que potencializem estratégias por meio de insights significativos e aumentem a produtividade. Solução de Inteligência Artificial pode também ser utilizada na construção de análise complexa para prever um evento futuro ou tendência. Por exemplo, para prever o risco de assassinato por aqueles já condenados por homicídio ou mesmo prever um aluno evadir seu programa de curso na modalidade presencial ou à distância. A ampla possibilidade de aplicação dessa tecnologia, acaba por gerar muitas dúvidas e de fato, dá impressão de ser algo distante da vida real. Portanto, é importante assentar informações com uma direção mais prática para facilitar o entendimento da sua aplicação e funcionalidade. Considerando que a tecnologia IA já é uma realidade que se torna cada vez mais presente em nossas vidas, é necessário que você entenda como ela funciona e saiba como pode ser aplicada na rotina das empresas e contribuir para seus negócios. Embora a Inteligência Artificial seja constituída de vários campos, este livro fornece uma abordagem para os negócios de maneira suave e natural, preparando-o para tópicos mais avançados, com base especificamente na ramificação/campo da aprendizagem de máquina para alcançá-la e dissipa a crença de que a Inteligência Artificial é complicada, difícil e intimidadora.

Essa abordagem segue uma linha de orientação com cinco estágios, que vão desde a análise descritiva até a cognitiva. De maneira geral, esses estágios permitem que sejam observados dois pontos relevantes: o primeiro, diz respeito à identificação e compreensão dos problemas de negócios que podem se beneficiar da IA para obter resultados de sucesso, o segundo, ressalta a importância de traçar objetivos claros de como o poder da IA pode ser usado para alcançar esses resultados na organização.

Sobre este livro

Esse livro foi escrito com o propósito de colocar as coisas de fantasia em espera e falar sobre concepção, conceitos, paradigmas e as principais soluções analíticas de Inteligência Artificial (IA) nos negócios do mundo real.

Seja você um estudante de qualquer área do conhecimento, ou um líder empresarial, encontrará valor nessas páginas, uma vez que há uma exploração teórica de IA e exemplos de aplicações de negócios em vários domínios do mercado.

Após a leitura desse livro, você terá uma compreensão do que é a Inteligência Artificial, suas ramificações e seus maiores campos de atuação, ou seja, estará familiarizado como a IA funciona e como pode contribuir para seus negócios.

Como este livro está organizado

Este livro está estruturado em três partes para uma leitura agradável. Se você nunca fez qualquer tipo de leitura ou tem pouco conhecimento sobre Inteligência Artificial, eu recomendo que você faça uma leitura minuciosa da parte 1 antes de seguir para as demais.

Parte 1:
Faz uma introdução de alto nível aos fundamentos da inteligência natural e artificial, campos e subcampos de IA e paradigmas de IA. Esse conteúdo fornece uma base suficiente com definições e explicações de noções necessárias para balizar conhecimento em diversas áreas de IA.

O Capítulo 1 apresenta um contexto essencial sobre os fundamentos das inteligências natural e artificial. Isso inclui conceitos, estrutura dos componentes, são alcançadas e como funcionam, sempre na perspectiva de negócio.

O Capítulo 2 introduz as trilhas dos diversos campos e subcampos de IA. Nesse capítulo identificamos e entendemos cada um dos campos e subcampos, para obtenção de resultados em suas aplicações.

O Capítulo 3 inclui muitas informações sobre a importância dos dados corretos para tomada de decisão nos negócios e esclarece também possíveis dúvidas a respeito de alguns conceitos em torno da IA. Essas informações abrem uma janela para um melhor entendimento a respeito dos paradigmas de inteligência artificial.

Parte 2:

Por meio de duas formas de apresentação de conteúdo, este capítulo faz uma escala nos cinco tipos de análise de negócios - analítica descritiva, diagnóstica, preditiva, prescritiva e cognitiva. Nesse capítulo é compartilhado alguns casos inovadores do mundo real em vários setores, espero desmistificar a IA e inspirar você a ver as oportunidades que ela oferece.

O Capítulo 4 introduz o conceito de análise de dados nos negócios e em seguida faz uma breve introdução aos tipos de soluções *Analytics* e seus respectivos estágios da análise de negócios.

O Capítulo 5 apresenta um detalhamento sobre a análise descritiva de IA nos negócios em duas formas: a primeira é guiada por nove questões; a segunda apresenta uma leitura prazerosa da fábula Onça e Raposão, em que esses personagens elevam essa análise a uma facilidade de entendimento.

O Capítulo 6 faz um detalhamento sobre a análise diagnóstica de IA nos negócios em duas formas: a primeira é guiada por nove questões; a segunda apresenta uma leitura prazerosa da fábula Onça e Raposão, em que esses personagens elevam essa análise a uma facilidade de entendimento.

O Capítulo 7 apresenta um detalhamento sobre a **análise preditiva** de IA nos negócios em duas formas: a primeira é guiada por nove questões; a segunda apresenta uma leitura prazerosa da fábula Onça e Raposão, em que esses personagens elevam essa análise a uma facilidade de entendimento.

O Capítulo 8 detalha a **análise prescritiva** de IA nos negócios em duas formas: a primeira é guiada por nove questões; a segunda mostra como os personagens da fábula elevam essa análise a uma facilidade de entendimento.

O Capítulo 9 mostra um detalhamento sobre a **análise cognitiva** de IA nos negócios em duas formas: a primeira é guiada por nove questões; a segunda apresenta uma leitura prazerosa da fábula "A Onça e o Raposão", em que esses personagens elevam essa análise a uma facilidade de entendimento.

O Capítulo 10 descreve sobre as chaves para implementar inteligência Artificial dentro da sua empresa, pois é hora de começar a analisar as maneiras pelas quais isso pode impactar positivamente sua empresa.

Parte 3

IA em movimento: diferentes olhares. Essa terceira parte traz dois trabalhos com diferentes olhares para Inteligência artificial.

O Capítulo 11 inclui informações sobre as condições históricas da emergência do estudo das redes neuronais.

O Capítulo 12 tem a ver com a Inteligência Artificial e Diretos Humanos: uma visão ética da aplicabilidade da IA nos Direitos a locomoção, à intimidade e à saúde.

Parte I
Começando com Inteligências Natural e Artificial

Capítulo 1

Compreendendo os Fundamentos de Inteligências Natural e Artificial

Neste capítulo do livro compartilho minhas explorações da literatura sobre os fundamentos das inteligências natural e artificial. Isso inclui conceitos, estrutura dos componentes, como ela é alcançada e como funciona, sempre na perspectiva de negócio. Há uma relação forte nos fundamentos teóricos dessas inteligências. Em particular (IA) tem como fundo a inteligência natural e requer normalmente a convergência de várias disciplinas, cientifica e de engenharia. A figura 1 mostra a relação entre essas inteligências. Então, antes de irmos direto ao ponto central do livro, descrevo de maneira simples e representativa como a IA está enraizada nas concepções de inteligência «natural».

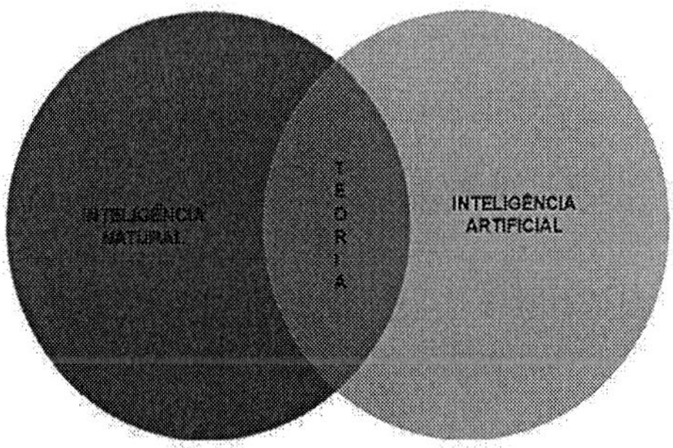

Figura 1: Fundo teórico entre as inteligências natural e artificial

Concepções da inteligência natural

Começo com a definição de inteligência. O Oxford Universal Dictionary (1955) se apoia fortemente na raiz latina da palavra, inteligere (para entender), definindo a inteligência como a faculdade de entender; intelecto; e entendimento como uma qualidade que admite diploma; entendimento superior; rapidez de apreensão mental; sagacidade. Ufa! parece tirar o fôlego, mas é tudo isso.

A inteligência é definida também como uma habilidade mental geral para raciocinar, resolver problemas e aprender. Devido a sua natureza geral, a inteligência integra funções cognitivas como percepção, atenção, memória, linguagem ou planejamento.

No meio acadêmico, embora os pesquisadores não tenham uma definição universalmente compartilhada de inteligência, existem quatro grupos/pontos de vista principais sobre inteligência que levam à pesquisa de inteligência artificial.

Os grupos um, dois e três são preocupados com seres humanos - compartilham um ponto em comum: a inteligência depende, mas é distinta do reconhecimento, onde a cognição se refere aos processos subjacentes do cérebro, a inteligência é o que pode ser alcançado com ela. A inteligência usa habilidades cognitivas para atingir os fins prescritos. Enquanto, o quarto grupo adota uma visão alternativa de que a inteligência é mais ampla do que meros seres humanos e animais e pode ser observada na biologia. A figura 2 representa bem esse cenário e é explorada como segue:

Inteligência geral, múltiplas, comportamental, evolutiva

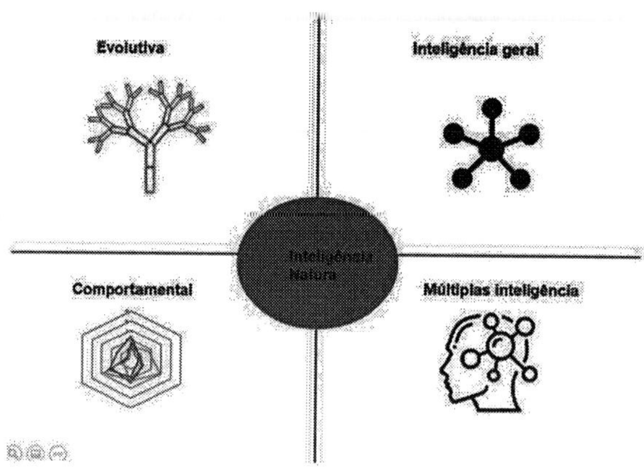

Figura 2. Inteligência natural

O primeiro grupo, se concentra no campo de inteligência geral, cujo pesquisador (Charles Sperman, 1927) sustenta que a inteligência é uma capacidade mental geral; ou seja, a capacidade de lidar com a complexidade cognitiva. Isso naturalmente, envolve a capacidade de raciocinar, planejar, resolver problemas, pensar abstratamente, compreender ideias complexas, aprender rapidamente e aprender com a experiência. Não se restringe apenas ao aprendizado de livros, uma habilidade acadêmica restrita ou inteligência de fazer testes. Mais que isso, reflete uma capacidade mais ampla e profunda de compreender nosso ambiente - "entender" as coisas ou "descobrir" o que "fazer". Há pesquisadores que acreditam que a inteligência geral, também conhecida como fator g, pode ser medida testando empiricamente o raciocínio, a memória, o conhecimento, a velocidade de processamento e a capacidade espacial, como por exemplo, Binet, Henri e Thurstone.

O segundo grupo, se concentra no campo das múltiplas inteligências e acredita que existem diferentes tipos de inteligência. Sustentando que a inteligência geral falha em explicar completamente a capacidade cognitiva, os pesquisadores apontam para diferentes modalidades de inteligência que emergem nas pessoas. Em casos extremos, termos específicos como "*fachidiot*" em alemão e "*idiot savant*" em francês surgiram para referenciar aqueles que exibem inteligência apenas dentro de um domínio restrito. No estudo Quadros mentais: A Teoria das Inteligências Múltiplas de (Howard Gardner, 1983), ele argumenta que existem sete tipos de inteligência: visual-espacial, linguística, lógico-matemática, musical, interpessoal, intrapessoal e corporal-cinestésica. Tempos depois, ele acrescentou mais três: holofote existencial, a "laser" e mental e ainda, a existência da inteligência emocional, uma ideia popular, embora cientificamente controversa. Referida ideia surge na década de 1960 nos artigos de Michael Beldoch e B. Leaner, e posteriormente popularizada em Inteligência Emocional, de Daniel Goleman: Por que pode importar mais do que QI (1995), inteligência emocional é a capacidade de identificar e gerenciar as emoções de si mesmo e dos outros.

No terceiro grupo, há uma concentração de trabalhos envolvendo o campo comportamental. Esse grupo acaba com a tentativa de vincular a inteligência à aptidão cognitiva, definindo a inteligência como a capacidade de resolver problemas. Como a inteligência é a mobilização da cognição, ela se concentra na obtenção de resultados observáveis externamente.

Finalmente, o quarto grupo, que se concentra no campo Evolucionário, argumenta que todos os seres vivos exibem algum tipo de comportamento inteligente. Em seu trabalho Cianciolo e Sternberg destacam em Intelligence: A Brief History (2004) que a inteligência pode ser reduzida à capacidade de os organismos se adaptarem ao seu ambiente e aprenderem com a experiência. Este tipo de definição é frequentemente usado por biólogos - embora cautelosamente se distanciem do design inteligente.

Em resumo, os três primeiros grupos de especialistas voltam suas preocupações para com os seres humanos e compartilham um ponto em comum, de que a inteligência depende, mas é distinta do reconhecimento. O quarto grupo adota uma visão alternativa de que a inteligência é mais ampla do que meros seres humanos e animais, e pode ser observada na biologia. Os quatro pontos de vista destacados são definições estáticas de inteligência. Mas a inteligência muda dentro dos humanos ao longo do tempo: (Jean Piaget, 1972) identificou como ela se desenvolve e transita da infância e da infância até a adolescência e à idade adulta. A inteligência também muda com a cultura: depois que (James Flynn, 1980) percebeu que a inteligência aumentava com o tempo, ele descobriu que a complexidade cognitiva de um ambiente aumentava a complexidade do pensamento.

Concepções da inteligência artificial

Na década de 1950, uma geração de cientistas, matemáticos e filósofos começaram a si perguntar se os computadores poderiam "pensar". Nessa esteira de questões nasce o conceito de Inteligência Artificial (IA), culturalmente assimilado em suas mentes, cujas ramificações ainda estamos explorando hoje. Uma definição concisa do campo seria a seguinte: "o esforço para automatizar tarefas intelectuais normalmente executadas por humanos". Em 1950, o matemático inglês Alan Turing, após explorar a possibilidade matemática da inteligência artificial, publicou um artigo intitulado "Computing Machinery and Intelligence", que abriu as portas para o campo que mais tarde seria chamado Inteligência Artificial. Turing sugeriu que se os humanos usassem a informação disponível, bem como a razão, para resolver problemas e tomar decisões, então por que as máquinas não poderiam fazer a mesma coisa? Na estrutura lógica de seu artigo, ele discutiu como construir máquinas inteligentes e como testar sua inteligência, o que veio a ser conhecido como o teste de Turing. O teste, ou "Imitation Game", como foi chamado o seu artigo, foi apresentado como um teste simples que poderia ser usado para provar que as máquinas poderiam pensar. O teste de Turing adota uma abordagem pragmática simples, supondo que um computador indistinguível de um ser humano inteligente tenha, na verdade, mostrado que as máquinas podem pensar. O artigo de Alan Turing estabelece claramente um divisor de águas entre as formas de uso de recursos tecnológicos, ele dá início às formas de resolver problemas, particularmente lógicos. Esse marco permite-nos dizer que antes do artigo tínhamos um "velho mundo" movido por mecânica, eletricidade e eletrônica. No entanto, o "novo mundo" do uso de recursos tecnológicos posto por Alan Turing dá um salto para o pensar em resposta de forma automática, imitando assim tarefas humanas.

Cinco anos depois, a prova de conceito foi iniciada por Allen Newell, Cliff Shaw e Heric Simon's, o *Logic Theorist* . O Logic Theorist era um programa projetado para imitar as habilidades de resolução de problemas de um ser humano e foi financiado pela Corporação de Pesquisa e Desenvolvimento (RAND). É considerado por muitos como o primeiro programa de inteligência artificial e foi apresentado no *Dartmouth Summer Research Project em Inteligência Artificial.*(DSRPAI) hospedado por John McCarthy e Marvin Minsky em 1956.

Em uma conferência histórica no ano de 1956, John McCarthy: Departamento de Ciência da Computação da Universidade de Stanford, imaginando um grande esforço de colaboração, reuniu pesquisadores de vários campos para uma discussão aberta sobre Inteligência Artificial. Nesse evento, ele cunhou o termo inteligência artificial, definindo-o como "a ciência e engenharia de fabricação de máquinas inteligentes". O campo foi fundado na alegação de que a propriedade central dos seres humanos, a inteligência, pode ser descrita com tanta precisão, tornando possível ser simulada por uma máquina (McCarthy et al, 1955).

Durante longo tempo, muitos especialistas acreditavam que a Inteligência Artificial em nível humano poderia ser alcançada fazendo com que os programadores elaborassem um conjunto suficientemente grande de regras explícitas para manipular o conhecimento. Embora se tenha feito alguns avanços em IA, principalmente na área de robótica nos anos de 1965 a 1977, esse período ficou conhecido como, o primeiro inverno, resultado de promessas que não poderiam ser mantidas. O impacto desta falta de financiamento limitou a pesquisa em Inteligência Artificial.

- Em 1965, o mundo da computação conheceu Eliza, um robô capaz de interagir com uma pessoa. Podemos dizer que ela é a origem tanto dos *chatbots* como dos assistentes virtuais;
- 1968 é o ano do desenvolvimento do SHRDLU, primeiro programa com linguagem natural;
- Em 1977, os robôs C-3PO e R2-D2 fazem sucesso no cinema com o lançamento de *Star Wars*. O primeiro, um humanoide que tinha capacidade de se comunicar fluentemente em 7 milhões de linguagens intergaláticas, enquanto o outro simpático robô interagia com "blips" e era um ótimo piloto de naves espaciais.

Durante as décadas de 1950 a 1980, uma abordagem conhecida como IA simbólica foi o paradigma dominante, que tinha como princípio constitutivo regras lógicas e simbólicas, mas não foram suficientes para resolver problemas mais complexos e difusos, como classificação de imagem, reconhecimento de fala e linguagem, tradução.

No final da década de 1970 e começo da década de 1990 as fronteiras da Inteligência Artificial foram recobertas com novas definições, e exploradas na literatura, com variações ao longo de duas dimensões principais e suas respectivas abordagens. Os que estão no topo preocupam-se com os processos de pensamento e raciocínio, enquanto os que estão no fundo se fixam no comportamento de endereço. Além disso, as definições da esquerda medem o sucesso em termos de desempenho humano, enquanto as da direita medem contra um conceito ideal de inteligência, que chamo de racionalidade. Um sistema é racional se faz a coisa certa. Isso nos dá quatro objetivos possíveis para buscar na inteligência artificial, como visto na Tabela I.

Tabela I - novas definições de IA.

Pensando Humanamente	**Pensando Racionalmente**
"O novo e empolgante esforço para fazer os computadores pensarem ... máquinas com mentes, no sentido pleno e literal ". (Haugeland, 1985)	"O estudo das faculdades mentais através do uso de modelos computacionais". (Charniak e McDermott, 1985)
"[A automação de] atividades que associamos com o pensamento humano, atividades como tomada de decisão, resolução de problemas, aprendizado" (Bellman, 1978)	"O estudo das computações que o tornam possível perceber, raciocinar e agir ". (Winston, 1992)
Atuando Humanamente	**Atuando Racionalmente**
"A arte de criar máquinas que executam funções que exigem inteligência quando realizadas por pessoas " (Kurzweil, 1990)	"Inteligência Computacional é o estudo de projeto de agentes inteligentes". (Poole et al., 1998)
"O estudo de como fazer computadores fazerem coisas em que, no momento, as pessoas são melhores " (Rich and Knight, 1991)	"AI ... está preocupado com o comportamento inteligente em artefatos". (Nilsson, 1998)

Historicamente, todas as quatro abordagens foram seguidas, mas, como se poderia esperar, existe uma tensão entre abordagens centradas em torno de humanos e as que estão centradas em torno da racionalidade. Uma abordagem centrada no ser humano deve ser uma ciência empírica, que envolve hipóteses e confirmação experimental, uma abordagem racionalista envolve uma combinação de matemática e engenharia. As pessoas de cada grupo às vezes criticam o trabalho realizado nos outros grupos, mas a verdade é que cada direção gerou insights valiosos, que contribuíram, inclusive, para novos paradigmas.

Mesmo diante de novas definições, a IA não avançou o esperado, porque houve escassez de recursos financeiros. O período de 1980-1995 ficou caracterizado como o segundo inverno da inteligência artificial, visto que o governo dos principais países e seus mercados reduziram os investimentos e demandas no setor, afetando as pesquisas. Outro ponto que contribuiu para essa situação foi o fato de que vários indivíduos excessivamente otimistas haviam exagerado o potencial "imediato" da Inteligência Artificial, quebrando as expectativas e irritando os investidores. Os dois invernos enfrentados pela IA ficam mais bem representados na linha do tempo de IA, que são destacados em cores escuras nas setas da linha do tempo entre as décadas de 1960 a 1990, conforme mostra a figura 3.

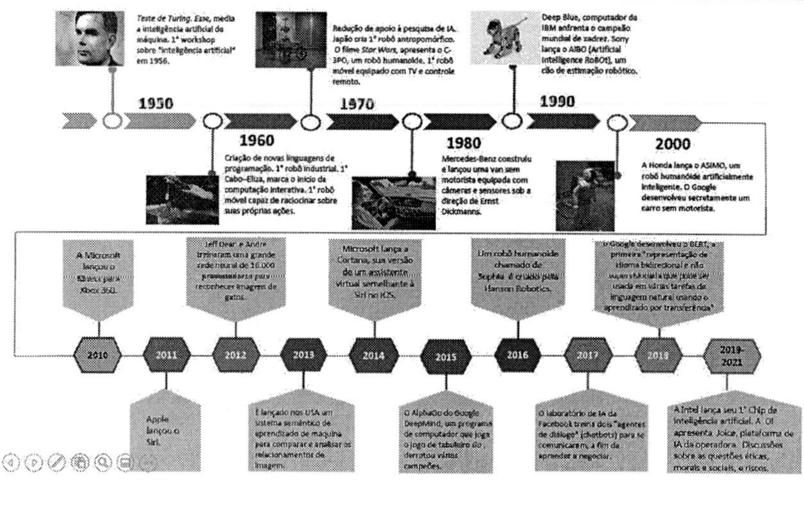

Figura 3. Linha do tempo da Inteligência artificial

Capítulo 2

Principais campos da Inteligência Artificial

Neste capítulo do livro faremos uma introdução nas trilhas dos diversos campos e subcampos de IA passando pela aprendizagem de máquina até robótica. Nele, identificamos e entendemos cada um de seus campos e subcampos, bem como aplicações gerais.

A IA trabalha com grandes quantidades de dados que são primeiro combinados com processamento rápido e interagem com algoritmos inteligentes que permitem aos sistemas aprender com os padrões dentro dos dados, fazendo com que o sistema seja capaz de fornecer resultados precisos ou bem próximos dos precisos. Nos últimos anos a IA vem sendo objeto de diversas áreas de pesquisas, e como tal, envolve vários processos avançados e complexos. Seus campos de estudos incluem muitas teorias, métodos e tecnologias. Assim, devemos tomar um pouco de cuidado ao nomear soluções de automação, análise de dados, armazenamento, IoT ou quaisquer outras como inteligência artificial, que não é exatamente errado, apenas pouco específico, considerando sua complexidade e sua aplicações. Simplesmente chamo atenção que a IA trilha em vários campos, e que é extremamente importante identificar e entender cada um de seus campos e subcampos, para obtenção de melhores resultados em suas aplicações. A Figura 4 apresenta os campos e subcampos de IA.

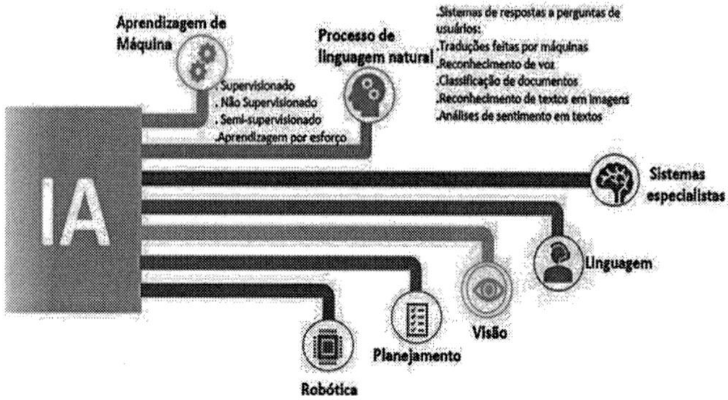

Figura 4: Campos e subcampos de IA

Ressalta-se que é necessário fazer uma breve introdução sobre essa tecnologia de forma bem abrangente, antes de adentrar ao conceito propriamente dito da IA.

Atualmente, o termo Inteligência Artificial abrange uma conceitualização de treinar uma máquina e torná-la inteligente para imitar tarefas humanas. Assim, por conta de sua abrangência, IA muitas vezes é empregada para se referir ao campo da ciência destinado a fornecer máquinas com a capacidade de executar funções como lógica, raciocínio, planejamento, aprendizado e percepção. Essa ampla quantidade de funções a credencia para ser utilizada em uma variedade de aplicações, que vão desde um chatbox em publicidade on-line, imagem de condução, aviação, até identificação precoce de doenças como câncer, diabetes e esquizofrenia na medicina. Um sucesso recente na IA são os veículos equipados com um sistema de direção inteligente, também conhecidos como carros autônomos. Cada veículo está equipado com uma série de sensores e câmeras que permite efetuar uma varredura do ambiente, gera uma imagem tridimensional e fornece a capacidade de tornar inteligente decisões sobre manobras em rodovias variáveis de tráfego com reais condições. A IA tem impulsionado muitos movimentos de transformação digital em várias direções, isso porque líderes inspiradores começaram a utilizá-la como um fator-chave para o crescimento futuro dos negócios. Essa breve introdução sobre IA nos leva a uma visão bem abrangente de suas aplicações. No entanto, para facilitar a atenção, falo sobre cada um dos campos e subcampos de IA, ao longo do livro.

Aprendizagem de Máquina (*Machine Learning*)

Machine Learning é o aprendizado em que uma máquina pode aprender por si própria a partir de exemplos e experiências anteriores. O programa desenvolvido para isso não precisa ser específico e não é estático. A máquina tende a mudar ou corrigir seu algoritmo como e quando necessário.

"Uma máquina pode, então, pensar". Foi o que Edmund Berkeley disse em 1949, e não podia estar mais correto. O *machine learning*, ou aprendizado de máquina, consiste em usar o mínimo de programação possível para capacitar um computador a identificar padrões em uma infinidade de dados.

Com essa funcionalidade, porém, as máquinas não ficam restritas às análises básicas, fazendo uma rede de conexão, comparação e associação com outros estudos de padrões identificados no Big Data. E adivinhe só... **seus algoritmos e análises ficam cada vez melhores e mais complexos com o tempo, pois vão aprendendo com seus processos e novos dados.**

É simples de entender quando consideramos um *chatbot* programado para dar sugestões de compra em um *e-commerce* baseado no perfil do cliente. Quanto mais peças, produtos, propagandas e outros conteúdos são apresentados ao visitante, mais reações ele produzirá para a base de dados do robô. Assim, sejam elas reações positivas, ou negativas, o *chatbot* vai incorporando tais informações e apurando suas sugestões de compra de acordo com a riqueza de dados que tem. Ou seja, ele vai aprendendo e apurando suas ações e interações.

Inteligência Artificial (IA) e aprendizado de máquina (ML) são os dois termos mais comumente mal interpretados. Geralmente, as pessoas tendem a confundir e pensar que são as mesmas coisas. O ML, por exemplo, é um subcampo da IA. No entanto, ambos os termos são chamados, simultaneamente e repetidamente, sempre que os tópicos de Big Data ou Data *Analytics*, ou alguns outros tópicos relacionados são discutidos. Como mostrado na Figura 1, um dos ramos da inteligência Artificial (IA) é o aprendizado de máquina (ML) que, por sua vez, é constituída de três técnicas de aprendizagem, incluindo aprendizado supervisionado, não supervisionado e aprendizado por esforço, como mostrado na figura 5.

Figura 5. Aprendizado de Máquina

São várias as situações que envolvem aprendizagem de máquina. Em linhas gerais, quando tratamos de aprendizagem de máquina, faz-se necessário a compreensão de um ambiente lógico, ou seja, de um algoritmo, o qual é normalmente entendido como **uma sequência de raciocínios, instruções ou operações para alcançar um objetivo**, sendo necessário que os passos sejam finitos e operados sistematicamente. O algoritmo aprende a partir de um grande volume de dados, ou seja, suas experiências, para atingir um objetivo. Por exemplo, imagine que se deseja prever a evasão de alunos do ensino superior a distância. Como isso pode ser?

Pode-se fornecer ao computador dados históricos sobre o comportamento dos estudantes antes e depois da admissão na instituição, seguidos de circunstâncias da evasão. Com um grande volume de dados em formato de pares e combinações (variáveis, resultados), imagina- que o computador possa aprender quais padrões levam à evasão. Espera-se também que o computador obtenha um maior percentual de acerto no aprendizado, pois quanto maior for a quantidade de dados apresentados, ele terá mais exemplos de padrões de comportamento que pode generalizar para situações ainda não vistas. Assim, quanto mais dados são incluídos, isto é, quanto mais experiência, melhores serão os resultados, ou seja, haverá mais precisão de performance da previsão.

Trazendo agora para o aprendizado supervisionado e não supervisionado, esses são comumente chamados de "superficiais" ou "rasos". A diferença entre esses dois modos de aprendizagem é a presença ou não do atributo que rotula os exemplos do conjunto de dados. No aprendizado supervisionado esse rótulo é conhecido, ao passo que no aprendizado não supervisionado os exemplos não estão previamente rotulados. Uma característica básica dos sistemas de aprendizado supervisionado é que os dados utilizados para treiná-los contêm a Variável Dependente (VD) e Variáveis Independentes (VI) ou conjunto de atributos observados.

Embora os algoritmos de AM sejam uma ferramenta de grande influência para adquirir conhecimento automático a partir da experiência, não existe um algoritmo exclusivo, que seja capaz de resolver todos os problemas com maior desempenho sobre outros. O uso de técnicas com algoritmos de aprendizagem de máquina reduz o tempo computacional, removendo informações redundantes e irrelevantes, e a tarefa mais comum no AM é o Aprendizado Supervisionado (AS), cujo objetivo é aprender um modelo preditivo a partir de um conjunto de dados. Uma aplicação importante do AS são os problemas de classificação e regressão, comumente encontrados nas áreas da saúde, indústria, educação entre outras. O exemplo mencionado dizia respeito a como prever a evasão de estudantes, uma vez que na área da educação, atualmente um dos desafios é prever a probabilidade de risco da evasão de estudantes nas instituições de ensino superior. Esse processo de prevenção tem como base classificar a classe ou categoria de indivíduos que evadiram ou não evadiram.

No sentido de dar mais clareza ao assunto, chama-se de Aprendizado de Máquina Supervisionado, quando tentamos prever uma variável dependente a partir de uma lista de variáveis independentes. Apresento alguns exemplos na Tabela 2.

Tabela 2 – Exemplos de aprendizado de máquina supervisionado

Desafio	Variáveis Independentes	Variáveis dependentes
Prever acidente automotivo	Idade do Carro, Idade do Motorista, comportamentos do motorista	Risco de Acidente
Prever nota do Enem	Histórico escolar e comportamento do estudante	Nota do Enem
Prever a evasão e aumentar a retenção de estudantes	Dados sobre os estudantes antes e depois da admissão	Evasão
Prever a próxima compra on-line	Frequência de compras, itens mais procurados e histórico de compras	Compra

Contudo, nem todos os problemas podem ser resolvidos somente com aprendizagem supervisionada, ou seja, aprendizagem com dados rotulados, então uma alternativa é o aprendizado não supervisionado, que atua principalmente com dados não rotulados, ou seja, não sabe quantas e quais são as classes existentes. O aprendizado não supervisionado atua com informações sem orientação, ou seja, os algoritmos do sistema atuam nos dados sem treinamento prévio.

Em alguns casos, conseguir dados anotados é extremamente custoso ou até mesmo impossível. Por isso, organizar esses dados em clusters que façam sentido é uma das maneiras mais fundamentais de entendimento e aprendizado. A análise de clusters apresentada na Figura 6 é o estudo dos métodos para agrupamento e se divide entre hierárquico e particional. A classificação hierárquica é uma sequência encadeada de partições, enquanto na particional, há somente uma partição. O aprendizado não supervisionado é também conhecido por sua técnica de aprendizado de máquina que encontra e permite análise exploratória de dados para descobrir padrões e clusters, reduzir a dimensionalidade de seus dados, descobrir recursos latentes e remover discrepâncias em dados «brutos» ou não rotulados.

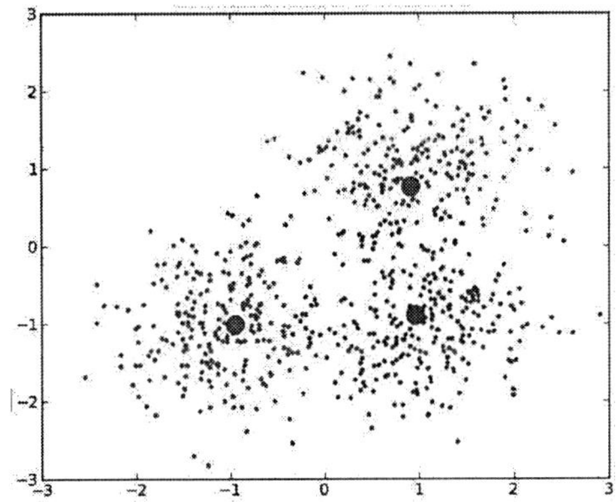

Figura 6: Estimativa de três Cluster / Fonte: scikit-learn.sourceforge.net

Para melhor entendimento a respeito do aprendizado não supervisionado, imagine, por exemplo, que você é dono de um pequeno supermercado e quer conhecer o perfil dos seus clientes. Pode haver um perfil de cliente que costuma comprar cerveja e refrigerante ou que compra carne e carvão ou ainda leite em pó e fralda. Se esse for o caso, colocar esses produtos em prateleiras distantes pode aumentar as vendas, já que isso aumentará o tempo e o percurso do cliente no supermercado. No entanto, nesse caso, não estão anotados para cada compra a qual perfil o consumidor pertence. Está faltando, nesse caso específico, um aprendizado que abranja mais dimensões do perfil.

Pronto! Agora estamos diante de um caso em que o computador terá que descobrir os perfis sem dados anotados, mas, para tal descoberta, precisaremos de métodos de aprendizado não supervisionados. Como primeira opção seria interessante observar nos registros de compras se existem padrões repetidos e que permitiriam a inferência de um grupo ou perfil de cliente. Outra opção seria ver diretamente quais produtos são frequentemente comprados juntos e, então, aprender uma regra associativa entre eles.

De maneira geral, nós sempre queremos achar uma representação gráfica significativa e informativa dos dados que temos com um algoritmo de aprendizado não supervisionado. Normalmente, essa representação informativa é simples, condensando com uma informação em pontos relevantes. Alguns exemplos são apresentados na Tabela 3.

Tabela 3 – Exemplo de Aprendizado não supervisionado.

Dados	Forma Representativa
Multidimensionais	Dimensão reduzida
Histórico de compras	Perfil do cliente
Transações bancárias	Normalizada da transação

Aprendizado por esforço

No aprendizado por reforço, o computador por meio de um algoritmo descobre qual a melhor ação a ser tomada através de tentativa e erro, considerando as circunstâncias na qual essa ação será executada. Isso porque não sabemos ao certo o que irá acontecer, então é desejável uma aprendizagem que leve em consideração essa incerteza, e consiga incorporar as eventuais mudanças no ambiente do processo de tomada da melhor decisão. Em geral, esse método é frequentemente usado para robótica, jogos e navegação.

Basicamente, existem três componentes principais neste método de aprendizagem: o agente (o aprendiz ou o tomador de decisão), o meio ambiente (com o qual o agente interage) e as ações (o que o agente pode fazer).

Essa ideia de fato deriva do conceito de "aprendizagem por reforço" oriundo da psicologia, no qual uma recompensa ou punição é dada a um agente, dependendo da decisão tomada; com o tempo e a repetição dos experimentos, espera-se que o agente consiga associar as ações que geram maior recompensa para cada situação que o ambiente apresenta, e passe a evitar as ações que geram punição ou recompensa menor. O objetivo é que o agente escolha ações que maximizem a recompensa esperada durante uma determinada quantidade de tempo, e assim ele atingirá o alvo muito mais rápido, seguindo uma boa estratégia. Portanto, o objetivo da aprendizagem de reforço é aprender a melhor estratégia a ser usada.

Deep Learning

Redes Neuronais Convolucionais

As redes neuronais convolucionais são uma arquitetura profundamente inspirada na investigação sobre o modo como o cérebro reconhece imagens. O trabalho pioneiro de Hubel e Wiesel, no início dos anos 60, reconhecido com o prêmio Nobel, demonstrou que o cérebro processa as imagens dividindo-as em campos receptivos. Na verdade, desde os anos 90 que as redes neuronais convolucionais eram conhecidas e o investigador francês LeCun conseguiu criar um sistema comercial para reconhecer dígitos nos cheques bancários. Esta aplicação, no entanto, apareceu em pleno segundo inverno das redes neuronais artificiais, que durou entre o final dos anos 80 até cerca de 2012.

Desde então, as áreas de aplicação das redes neuronais convolucionais não têm parado de crescer. Apresentam-se em seguida alguns dos campos em que este tipo de redes tem permitido alcançar um sucesso que até agora tinha escapado aos meios tradicionais da inteligência artificial.

Reconhecimento de faces: estas redes são capazes de identificar qualquer face que esteja presente numa imagem. Vários celulares atuais usam este tipo de rede para identificar as pessoas que estão presentes numa fotografia. Por outro lado, é possível identificar os funcionários de uma empresa para agilizar o acesso às áreas restritas. Assim, as redes convolucionais conseguem focar em cada rosto independentemente de fatores externos como a iluminação, a pose, ou o ângulo de visão. Em alguns países, como a China, aplicações do gênero do Facebook permitem consultar uma base de dados e identificar qualquer pessoa a partir de uma simples fotografia de celular.

Reconhecimento de objetos: outra aplicação muito comum, e em que estas redes são extremamente boas, é na atribuição de rótulos a todos os objetos que estão presentes numa imagem. Por exemplo, um veículo autônomo é capaz de descrever onde estão as pessoas, as árvores, outros veículos etc.

Este tipo de reconhecimento pode ser feito mesmo em tempo real, uma vez que a grande vantagem destas redes é permitir processar muito rapidamente as imagens, mas isso é possível graças às melhorias no hardware que devido às propriedades estatísticas das redes convolucionais que dependem de muito menos parâmetros do que as redes neuronais, que eram usadas anteriormente.

Análise de documentos: as redes convolucionais também podem ser usadas para análise de documentos, por exemplo, é possível usar essas redes para conseguir localizar qualquer texto num documento, mesmo que ele tenha sido escrito à mão.

Publicidade e Marketing: as redes neurais convolucionais têm introduzido diferenças significativas no mundo da publicidade, ao permitirem o direcionamento de anúncios com base nos dados disponíveis sobre os clientes.

Processamento linguístico: embora tradicionalmente as principais aplicações das redes convolucionais tenham sido no campo da visão, recentemente, redes deste tipo têm sido usadas em tarefas de reconhecimento de fala, superando os modelos usados anteriormente em aspectos como a tolerância ao ruído e o reconhecimento de fala a distância.

Redes neurais recorrentes

As redes recorrentes são chamadas assim porque os resultados produzidos num dado instante são novamente processados no instante seguinte, juntamente com os novos dados da rede.

Embora já existissem em trabalhos com redes recorrentes há várias décadas, e sobretudo desde meados da década de 1980, este tipo de redes apresentava problemas relacionados com o fato de não terem um mecanismo que permitisse, ao mesmo tempo, manter a informação na memória pelo tempo que fosse necessário e modificar essa informação através dos algoritmos de aprendizagem usados com as redes neuronais. O problema acontecia quando era necessário ter em conta informação dos instantes iniciais para interpretar os dados nos instantes finais de sequências longas.

Desse modo para responder a estes problemas, Hochreiter e Schmidhuber propuseram as chamadas redes LTSM

A grande diferença que as redes LTSM introduziram, em relação às redes recorrentes tradicionais, tem a ver com a capacidade de controlar o esquecimento de informação ao longo do tempo. Através desse controle é possível manter informação na memória pelo tempo que for necessário, de forma que, os primeiros elementos a serem processados consigam influenciar os últimos. Por exemplo, quando vamos interpretar uma frase pode ser muito importante ter informação sobre as primeiras palavras para tentar interpretar o significado das últimas.

As redes LTSM têm sido aplicadas num conjunto muito variado de domínios, são capazes, por exemplo, de modelar os aspectos sequenciais e temporais dos dados e, por isso, têm sido muito utilizadas em textos, vídeos e séries temporais.

Imagine o leitor vendo a fotografia de uma elipse em movimento (Figura 7), em seguida pede-se que este tente adivinhar em que direção ela se moveria. Qualquer que fosse a sua resposta, ela seria sustentação exata, pois não há nada que nos permita fazer uma previsão a respeito do movimento.

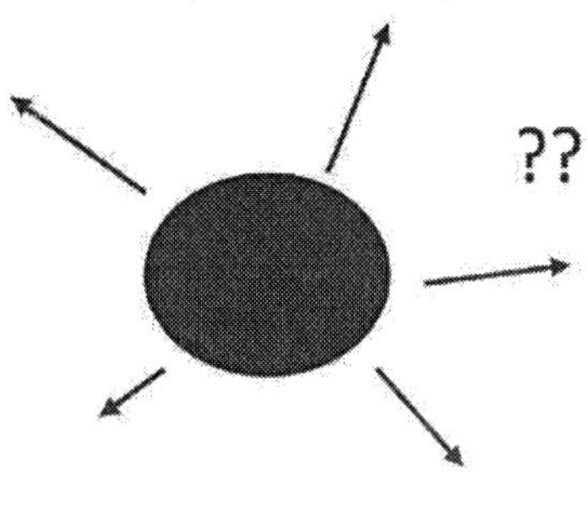

Figura 7. Sem informação sobre o movimento anterior da elipse, não há como prever qual será o seu estado seguinte.

Imagine agora que, em vez disso, lhe apresentasse a imagem da Figura 8, que tem representada a posição da elipse nos três momentos anteriores ao atual. Com base nessa informação, consegue-se ver que a elipse tem estado a mover-se para a direita, logo essa informação permite prever (embora sem certezas) qual será o seu estado no próximo instante.

De uma forma muito simples, é isto que as redes recorrentes com memória fazem: elas mantêm a informação do passado na memória e, assim, conseguem fazer previsões fundamentadas sobre os estados futuros.

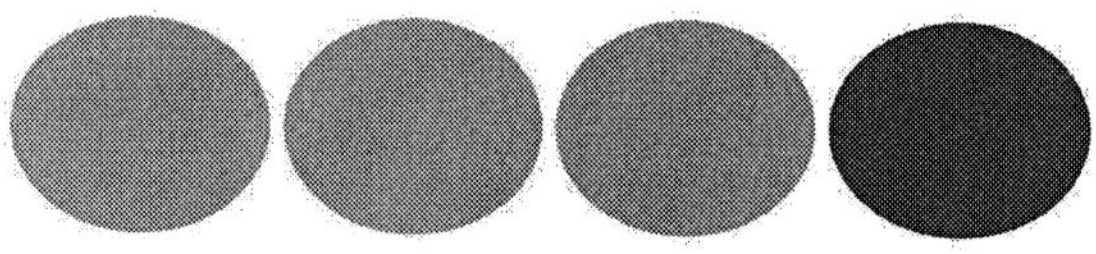

Figura 8. Sabendo que a elipse passou pelos três locais assinalados em cinzento, conseguimos ter uma ideia sobre o que será de esperar que aconteça à elipse no futuro (embora sempre com alguma incerteza).

Apresentamos a seguir alguns exemplos onde este conceito de memória pode ser usado em aprendizagem de máquina.

Assistentes de Escrita: você provavelmente já terá notado que em programas como o Gmail, ou no seu celular, basta começar a escrever uma palavra, e temos logo sugestões sobre qual será essa palavra, ou mesmo sobre quais serão as palavras seguintes. Prever a palavra que falta na frase seguinte, por exemplo, tem muito a ver com a tarefa de prever onde estará a oval, com base na informação anterior.

"Esta manhã levei o meu cão a ________"

Tal como para prevermos a posição da oval, se eu não tivesse informação sobre as palavras anteriores, nada me levaria a pensar na palavra "passear". Esta é precisamente uma das aplicações em que as redes neuronais recorrentes com memória têm vindo a obter níveis de performance em nível do *estado da arte*. Redes deste tipo são inclusivamente capazes de escrever de acordo com o estilo de um escritor famoso (e.g. Shakespeare), se forem treinadas com textos desse autor.

Reconhecimento de fala: quando gravamos a nossa fala em computador, ela fica registada numa sequência de números ao longo do tempo (pelas configurações típicas de um programa de som, um único segundo de gravação é gravado como uma sequência de mais de 40 mil números de 32 bits, ou o dobro se for uma gravação estéreo). Na Figura 9 mostra-se um gráfico típico de uma sequência falada.

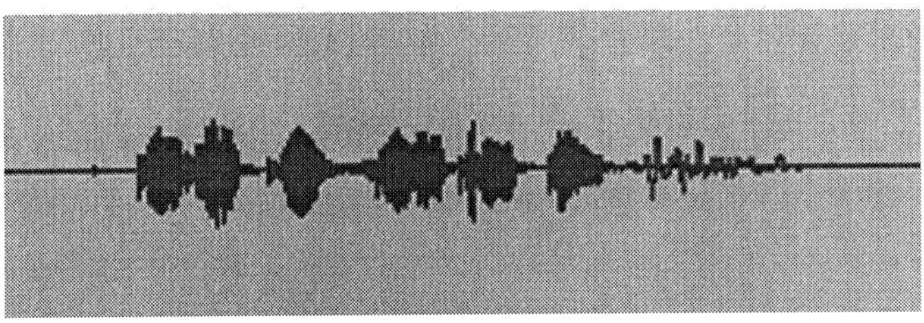

Figura 9. Representação gráfica do som da fala. A fala é uma sequência de som, ao longo de um intervalo de tempo.

Nos últimos anos, depois de um período em que os avanços no reconhecimento de fala por computador foram muito lentos, houve um salto enorme. Hoje em dia, falar para o celular escrever uma mensagem, ou falar com o computador do carro para reduzir a temperatura ambiente já é visto como algo normal, mas tudo isto aconteceu em menos de uma década.

Análise de sentimentos: sites como a Amazon têm milhões de produtos à venda, e é impossível colocar pessoas a tomarem nota de todas as críticas que são feitas a cada produto. É em tarefas assim que entram em cena os sistemas de análise de sentimentos do consumidor, baseados em redes neuronais recorrentes. Estes sistemas pegam em cada frase escrita pelos clientes, e extraem o sentimento geral de cada cliente em relação a esse produto. Uma representação conceitual de uma rede desse tipo é representada na Figura 10.

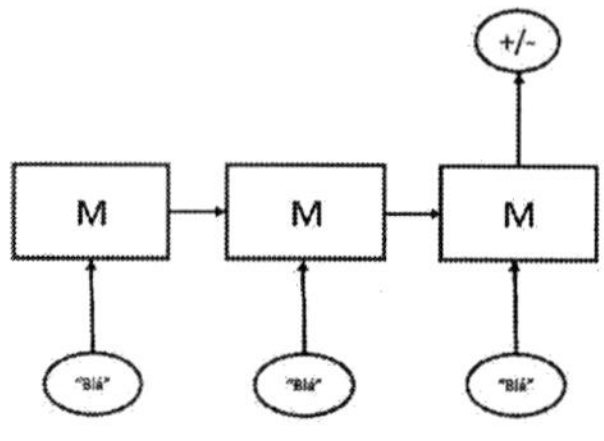

Figura 10. Representação de uma rede recorrente aplicada a um problema de análise de sentimentos. A rede registra cada uma das palavras sequencialmente, obtém a estrutura gramatical da frase e, no final, consegue indicar se o sentimento do cliente é positivo ou negativo.

Mais detalhes sobre a técnica *Deep Learning* podem ser vistos no trabalho de Luís Cunha, intitulado "Condições históricas da emergência do estudo das redes neuronais".

O Processamento de Linguagem Natural (PNL)

Esse é um campo da inteligência artificial que ajuda os computadores a entender, interpretar e manipular a linguagem humana. A PNL baseia-se em muitas disciplinas, incluindo ciência da computação e linguística computacional, em sua busca para preencher a lacuna entre a comunicação humana e a compreensão do computador. As tarefas de PNL incluem tradução de texto, análise de sentimentos e reconhecimento de fala. Isso envolve analisar, compreender e gerar respostas, em última análise, para permitir a interface com sistemas que usam linguagens humanas em vez de linguagens de computador. Para o texto, a PNL usa frequentemente a semântica para analisar sentenças para entidades (pessoas, lugares, coisas), conceitos (palavras e frases que indicam uma ideia particular), temas (grupos de conceitos co-ocorrentes) ou sentimentos (positivos, negativos, neutros). Hoje, a PNL é usada em ferramentas de análise de texto e mídia social para analisar problemas e opiniões.

Atualmente, o grande **desafio do Processamento de Linguagem Natural é transformar textos e falas em conjuntos de dados** capazes de serem lidos para o desenvolvimento de análises e uso de algoritmos de *aprendizagem* *de máquina*. Por serem dados **não estruturados, os** textos e falas são fontes que precisam ser tratados com técnicas de mineração de texto.

Há uma grande variedade de possibilidades para aplicar técnicas de PNL e essas aplicações vão desde sistemas que interagem diretamente com o usuário final (Google Assistente, Siri, Cortana, BIA do Bradesco, etc.) até projetos de soluções *Analytics* de IA para os mais variados tipos de contextos (como analisar o sentimento em atas de reuniões ou em *hashtags* de redes sociais; ou ainda analisar o sentimento de colaboradores em perguntas, em pesquisas de clima organizacional, por exemplo).

Destacamos algumas das principais áreas de aplicação do PNL, como:

- Reconhecimento de voz: Google Assistente, a Siri, a Cortana, entre outros;
- Reconhecimento de textos em imagens: muito utilizada para identificar números de placas de veículos e enviar multas de excesso de velocidade de forma automática;
- Sistemas de respostas a perguntas de usuários: *Chatbots* que permitem que o usuário digite o texto de forma aberta. BIA (Bradesco Inteligência Artificial);
- Traduções feitas por máquinas: essa área o Google Tradutor lidera, mas há outros bons aplicativos de tradução;
- Classificação de documentos: é possível categorizar documentos quando não se conhece as classes possíveis via algoritmos de aprendizado de máquina não supervisionado;
- Análises de sentimento em textos: esse método é muito comum em pesquisas que contêm campos abertos.

No geral, o PLN vai ao encontro de necessidades de humanizar as soluções de inteligência artificial, afinal de contas, além de eficiência, também é importante garantir a qualidade dos serviços gerenciados. Nesse caso, os avanços tecnológicos são para reconhecer a linguagem natural das pessoas na hora de aceitar um comando e até mesmo reagir a ele. É muito mais agradável conversar com alguém ou alguma coisa que demonstra reações humanas, certo?

Expert Systems

É um campo da AI que visa entender a inteligência construindo programas de computador que exibem comportamento inteligente. Normalmente são programas de computador derivados do campo da pesquisa em ciência da computação chamado Inteligência Artificial (IA). Expert systems se preocupa com os conceitos e métodos de inferência simbólica, ou raciocínio, de um computador, e como o conhecimento usado para fazer essas inferências será representado dentro da máquina. Obviamente, o termo inteligência abrange muitas habilidades cognitivas, incluindo a capacidade de resolver problemas, aprender e entender a linguagem; IA aborda todos esses. Mas a maioria dos progressos realizados até o momento na IA foi feita na área de solução de problemas - conceitos e métodos para criar programas que raciocinam sobre problemas em vez de calcular uma solução.

Os programas de IA que alcançam competência em nível de especialista na solução de problemas em áreas de tarefas, trazem junto um conjunto de conhecimentos sobre tarefas específicas, são chamados de sistemas baseados em conhecimento ou especialistas.

Frequentemente, o termo sistemas especialistas é reservado para programas cuja base de conhecimento contém o conhecimento usado por especialistas humanos, em contraste com o conhecimento coletado de livros didáticos ou não especialistas. Frequentemente, os dois termos, sistemas especialistas (ES) e sistemas baseados em conhecimento (KBS) são usados como sinônimos. Em conjunto, eles representam o tipo mais amplo de aplicativo de IA. A área do esforço intelectual humano a ser capturada em um sistema especialista é chamada de domínio da tarefa. Tarefa refere-se a alguma solução de problemas orientada a objetivos. Domínio refere-se à área na qual a tarefa está sendo executada. As tarefas típicas são diagnósticas, planejamento, programação, configuração e design.

Construir um sistema especialista é conhecido como engenharia do conhecimento e seus profissionais são chamados de engenheiros do conhecimento. Um engenheiro de conhecimento deve garantir que o computador tenha todo o conhecimento necessário para resolver um problema. Um engenheiro de conhecimento deve escolher uma ou mais formas para representar o conhecimento necessário como padrões de símbolos na memória do computador - ou seja, ele (ela) deve escolher uma representação de conhecimento. De igual modo deve garantir que o computador possa usar o conhecimento de maneira eficiente, selecionando dentre vários métodos de raciocínio. Assim, o sistema especialista pode contribuir para resolver muitos problemas que geralmente exigiriam um especialista humano. Em geral, esse sistema é baseado no conhecimento adquirido de um especialista, mas ele também é capaz de expressar e raciocinar sobre algum domínio do conhecimento. Os sistemas especialistas foram os antecessores dos sistemas atuais de inteligência artificial, aprendizado profundo e aprendizado de máquina.

Destacamos, a seguir, algumas características importantes em um sistema especialista:

- Alto nível de conhecimento: o sistema especialista deve fornecer o mais alto nível de conhecimento. Deve ter também eficiência, precisão e resolução criativa de problemas.
- Reação Just in time: ele deve interagir em um período bastante razoável com o usuário. O tempo total deve ser menor que o tempo gasto por um especialista para obter a solução mais precisa para o mesmo problema.
- Confiabilidade: precisa ser confiável e não deve cometer nenhum erro.
- Flexível: é vital que ele permaneça flexível, pois possui um sistema Expert.
- Mecanismo Efetivo: deve ter um mecanismo eficiente para administrar a compilação dos conhecimentos existentes.
- Capaz de lidar com decisões e problemas desafiadores: ou seja, de lidar com problemas de decisão desafiadores e fornecer soluções completas.

Speech - Sistemas de Reconhecimento de Fala

A fala é o principal modo de comunicação entre ser humano e a forma mais natural e eficiente de troca de informações entre humanos no discurso. O reconhecimento de fala pode ser definido como o processo de conversão do sinal de fala em uma sequência de palavras por meio do algoritmo implementado como um computador programa. O processamento de reconhecimento da fala é uma das áreas empolgantes do sinal em processamento. Ele é na realidade um programa de software ou dispositivo de hardware com capacidade de decodificar a voz humana. O reconhecimento de voz é usado para operar um dispositivo, executar comandos ou escrever sem precisar usar um teclado, mouse ou mesmo pressionar qualquer botão. Atualmente, isso é feito em um computador com programas de software ASR (reconhecimento automático de fala). Os programas ASR exigem que o usuário "treine" o programa ASR para reconhecer sua voz, para que ele possa converter com mais precisão a fala em texto. Por exemplo, você poderia dizer "Internet aberta" e o computador abriria o navegador de Internet.

Algumas das mais proeminentes aplicações de reconhecimento de fala incluem aeronaves entrada de voz), processamento de fala em texto (e-mails ou trabalho processadores), formulação de documentos estruturados (radiologia relatórios), entrada simples de dados (entrada do número do cartão de crédito), (podcast), controle de eletrodomésticos, roteamento de chamadas, discagem por voz, etc.

Muitos avanços vêm ocorrendo nessa área e à medida que aumenta o uso das aplicações de reconhecimento de voz, ele melhora. Destacamos alguns exemplos onde você pode encontrar o reconhecimento de voz.

- Sistemas telefônicos automatizados - várias empresas usam sistemas telefônicos que ajudam a direcionar o chamador para o departamento correto.
- Google Voice – o Google Voice permite pesquisar e fazer perguntas no seu computador, tablet e telefone.

- Assistente digital - Amazon Echo, Siri da Apple, Joice da OI e Google Assistant usam reconhecimento de voz para interagir com assistentes digitais que ajudam a responder perguntas.
- Carro Bluetooth - para carros com emparelhamento de telefone Bluetooth ou viva-voz, você pode usar o reconhecimento de voz para fazer comandos, como «ligar para alguém da família» para fazer chamadas sem tirar os olhos da estrada.

Visão Computacional

Visão por computador descreve a capacidade de uma máquina obter e analisar informações visuais sozinha e, posteriormente, decidir sobre elas. Isso pode consistir em fotografias e vídeos, mas, de maneira mais abrangente, pode ser em "imagens" de sensores térmicos ou infravermelhos, indicadores e fontes diferentes. Sua importância está nos problemas que ela pode resolver. Ela é uma das principais tecnologias exponenciais que permite ao mundo digital interagir com o mundo físico.As primeiras formas de sistema de Visão Computacional datam da década de 1960. Os algoritmos de visão computacional da época foram criados para executar o que hoje são consideradas formas rudimentares de processamento digital de imagens. Nos anos 70, introduziu-se inteligência na visão computacional para raciocinar e deduzir a "inferência" relacionada ao que uma imagem pode representar com base em elementos que incluem sombreamento, movimento e contexto. A visão computacional está intimamente relacionada à Inteligência Artificial. Atualmente, os esforços em visão computacional concentram-se não apenas no reconhecimento e classificação de objetos em tempo real, mas também nas tarefas mais complexas associadas à categorização e compreensão de cenas, reconhecimento de movimento humano e reconhecimento de materiais. Um dos usos mais interessantes da visão computacional, do ponto de vista da IA, é o reconhecimento de imagem, que dá à máquina a capacidade de interpretar as informações recebidas por meio da visão computacional e categorizar o que "vê".

No geral, pode-se dizer que a visão computacional entra em cena quando se quer alimentar uma imagem, como uma entrada com a intenção de que tal máquina extraia dela alguma inteligência.

Hoje, qualquer sistema de IA que processe informações visuais geralmente depende da visão do computador, e aqueles capazes de identificar objetos específicos ou categorizar imagens com base em seu conteúdo estão realizando o reconhecimento de imagens. Essa disponibilidade de processamento na IA tem permitido o uso da técnica de visão computacional para vários propósitos, incluindo robôs, análise de imagens médicas ou modelagem topográfica, carros controlados por computador, equipamentos agrícolas e drones para análise de fatores climáticos que levam a mudanças na vegetação, etc. Todos semi-independentes, que funcionem de maneira mais produtiva, eficiente, ágil e até mesmo segura.

Embora muitos possam pensar que o processamento de informações visuais esteja fora do alcance ou do escopo da visão computacional, eles funcionam bem juntos. A maioria dos aplicativos que usam a visão computacional depende principalmente de algoritmos de processamento de informações visuais. **Algumas** técnicas comuns de processamento de informações visuais de imagem**, incluem c**orreção de exposição, redução do ruído da imagem, endireitar ou fazer a rotação da imagem e aumentar a nitidez.

Essas técnicas permitem, por exemplo, que carros autônomos compreendam o ambiente . Nesse tipo de aplicação, as câmeras capturam vídeos de diferentes ângulos ao redor do veículo e o alimentam com um software de visão computacional, que, por sua vez, processa as informações visuais, digo as imagens em tempo real para encontrar as extremidades das estradas, ler sinais de trânsito, detectar outros carros, objetos e pedestres. Assim, alinhado aos processos de informações visuais o carro autônomo (Figura 11) pode então seguir seu caminho nas ruas, avenidas e rodovias, evitar bater em obstáculos e (com muita sorte) conduzir com segurança seus passageiros até o destino.

Figura 11: Carro autônomo / Fonte: impark.com

Outro exemplo prático da visão computacional está na Realidade Aumentada (AR) e mista, o recurso tecnológico permite que dispositivos portáteis de computação como smartphones, tablets e óculos inteligentes sobreponham e incorporem objetos virtuais em imagens do mundo real. Usando a visão computacional, o equipamento AR (Figura 12) detecta objetos no mundo real para determinar os locais no monitor de um dispositivo para colocar um objeto virtual. Por exemplo, algoritmos de visão computacional podem contribuir com aplicativos de AR para detectar planos como mesas, paredes e pisos, uma parte muito importante para estabelecer profundidade e dimensões e colocar objetos virtuais no mundo físico.

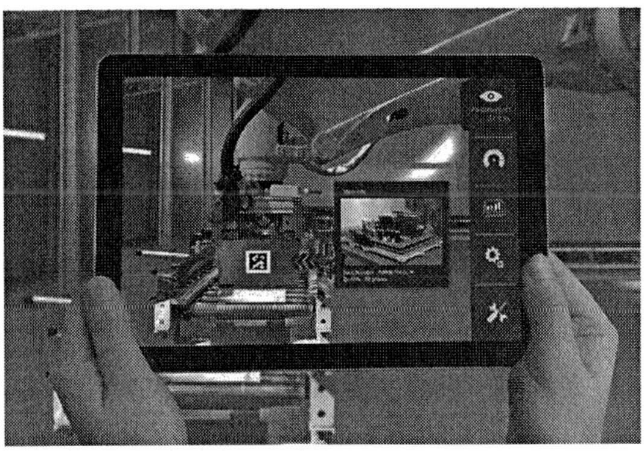

Figura 12: Realidade Aumentada / Fonte: fsd.servicemax.com

Planejamento

A tomada de decisões executadas por criaturas inteligentes como robôs, humanos ou programas de computador ao tentar atingir algum objetivo é o tema especifico deste campo da Inteligência Artificial, que envolve e acopla a escolha de uma sequência de ações (com alta probabilidade) transformarão o estado do mundo, passo a passo, para satisfazer o objetivo. O mundo é tipicamente visto como composto por *fatos* atômicos (variáveis de estado), e as ações tornam alguns fatos verdadeiros e outros falsos.

Independentemente do planejamento, se básico ou complexo, seus problemas podem ser resolvidos automaticamente. Embora existam formas complexas de planejamento que podem ser formalizadas, por exemplo, no âmbito dos processos de decisão de Markov , com incerteza sobre os efeitos das ações e, portanto, sem a possibilidade de prever com segurança os resultados de um plano, aqui nos concentraremos apenas no problema mais simples de planejamento da IA, caracterizado pela restrição a *um agente* em um ambiente *determinístico* que pode ser *totalmente observado*.

O problema de planejamento mais básico é uma instância do problema geral de acessibilidade para gráficos de transição representados de forma sucinta, que tem outras aplicações importantes em Verificação Assistida por Computador (análise de acessibilidade, verificação de modelo), Controle Inteligente, diagnóstico de sistemas de eventos discretos etc. Todos os métodos descritos abaixo são igualmente aplicáveis a esses outros problemas, vários métodos foram inicialmente desenvolvidos e aplicados no contexto desses e de outros problemas.

Além disso, um planejamento mais realista e outros problemas podem usar o problema básico como subprocedimento, ou problemas mais gerais podem ser reduzidos a ele. Por exemplo, o *planejamento temporal* geralmente pode ser reduzido diretamente ao caso base (Cushing et al. 2007) ou o caso base pode ser usado como subprocedimento (Rankooh & Ghassem-Sani, 2013).

Robótica

Não é de hoje que a humanidade tenta construir máquinas para entender, aprender e executar ações manipulativas, que possam imitar o mais próximo possível tarefas do comportamento humano de forma automatizada para fins econômicos ou científicos. Essa construção tomou força com o advento do sistema hidráulico e motores elétricos e, especialmente, o computador. Literalmente, o robô aparece em um palco pela primeira vez em 1921 no teatro jogar R.U.R. (Robôs universais de Rosum), do escritor tcheco Karel Capek. Sua "apresentação" ao público mostra dois lados da inteligência da máquina e muitos questionamentos que se confrontam: mão de obra barata e versátil, mas também possíveis usos indevidos e problemas éticos.

Nas décadas de 1950 e 1960, muitos robôs foram construídos especificamente para atender demandas de trabalhos repetitivos em diversas indústrias de automóveis americanas e a indústria nuclear. O campo da robótica representa uma rica mistura de ciências exatas e aplicadas, como geometria, projeto mecânico, cinemática, estática e dinâmica, álgebra linear (numérica), identificação e controle de sistemas operacionais em tempo real, eletrônica, engenharia de software e inteligência artificial, determinística e filtragem estocástica ou processamento de sinal do sensor, etc. Em termos gerais, a robótica tem duas faces: (i) a matemática e engenharia, que é bastante "padronizada" no sentido de que existe um grande consenso sobre as ferramentas e teorias a serem usadas; e (ii) a face da IA, que é pouco padronizada, não por falta de interesse ou esforços de pesquisa, mas devido à complexidade inerente ao "comportamento inteligente". A fronteira entre essas duas abordagens muda continuamente, à medida que mais "inteligência" é lançada na forma algorítmica e teórica do sistema.

Um momento importante

Na escalada do conhecimento da robótica há um momento importante conhecido na época como comportamento inteligente, ocorrido na década de

1980, que se deu com a resposta de um robô à entrada do sensor em sua estrutura. Anos mais tarde, precisamente em 1997, a Honda Corporation apresentou seu primeiro robô de caminhada de duas pernas («bi-ped»), muito parecido com um humano em um traje espacial.

Os avanços ocorridos na área da mecatrônica, engenharia elétrica e computação, têm levado a robótica a desenvolver funções sensorimotoras cada vez mais sofisticadas que dá às máquinas a capacidade de se adaptarem as suas constantes mudanças de ambiente. Até agora, o sistema de produção industrial foi organizado em torno da máquina, sendo calibrado de acordo com o ambiente e tolerou variações mínimas. Os robôs de IA são os agentes artificiais que atuam no ambiente do mundo real.

Atualmente, esse tipo de robô pode ser integrado mais facilmente a um existente meio Ambiente. A autonomia de um robô em um ambiente pode ser subdividida em percepção, planejamento e execução (manipulando, navegando, colaborando). A ideia principal de convergência de IA e robótica é tentar otimizar seu nível de autonomia através da aprendizagem. Esse nível de inteligência pode ser medida como a capacidade de prever o futuro, seja em planejar uma tarefa ou interagir (manipulando ou navegando) com o mundo. O objetivo da Inteligência Artificial é treinar sistemas para imitar tarefas humanas particularmente repetitivas e de risco, e dotar os robôs para executar essas tarefas. Para treinar esses robôs, é necessário um grande conjunto de dados que contenha todas as condições possíveis de um rosto humano para resolver esse problema específico. Existem dados de teste e dados de treinamento. Os dados de treinamento são maiores que os dados de teste. Depois que os robôs são treinados, os dados de teste são usados para testar seu desempenho. Embora a criação de um sistema exibindo inteligência humana permaneça indescritível, os robôs vêm ocupando cada vez mais espaço em diversos tipos de atividades e podem executar tarefas autônomas especializadas, como dirigir um veículo, pegar ou deslocar objetos em diferentes tipos de terreno, carregando caixas e materiais.

A presença e aplicação da IA em robótica é para a tarefa de percepção, ou seja, os robôs podem sentir o ambiente por meios de sensores integrados ou visão computacional. Na última década, os sistemas de computador melhoraram a qualidade de ambos os sensores e visão. A percepção não é apenas importante para o planejamento, mas também para criar um senso artificial de autoconsciência no robô. Isso permite apoiar interações com o robô com outras entidades no mesmo ambiente. Nos estudos atuais, esta parte da robótica é tratada como uma disciplina, conhecida como robótica social. Abrange dois domínios amplos: interações humano-robô (HCI) e robótica cognitiva. A visão do HCI melhora a percepção robótica de seres humanos, como na compreensão de atividades, emoções, comunicações não verbais e na capacidade de navegar em um ambiente junto com seres humanos. O campo robótico cognitivo se concentra em fornecer aos robôs a capacidade autônoma de aprender e adquirir conhecimento de níveis sofisticados de percepção, baseados em imitações e experiência. Visa imitar o sistema cognitivo humano, sistema que regula o processo de aquisição de conhecimento e compreensão, através da experiência e sensibilização. Existem ainda na robótica cognitiva, modelos que incorporam motivação e curiosidade para melhorar a qualidade e velocidade de aquisição do conhecimento através da aprendizagem. A Figura 13 apresenta algumas das aplicações atuais do campo da robótica que vão de serviços gerais a cuidar do ser humano.

Figura 13: Aplicações da robótica / Fonte: vectorstock.com

Em vista dos vários avanços no campo da robótica, as características dos robôs sofreram algumas alterações ao longo dos anos, conforme pode ser visto a seguir.

Principais características e tipos de robôs

Aparência: em sua maioria, normalmente os robôs têm um formato com corpo físico e grande parte dessa estrutura fixa, móvel e mecânica ou eletromecânica. No entanto, existem os robôs sem aparência física, os chamados robôs virtuais, pois são apenas um software.

Cérebro: essa característica diz respeito ao centro de praticamente todas as informações dos robôs, em outras palavras é a unidade de controle a bordo. Essa unidade do robô recebe as informações, processa e envia comandos para serem executados como saída.

Sensores: embora os robôs tenham sensores internos e externos, a maior parte dos robôs utiliza mais os sensores externos para coletar informações do ambiente exterior e enviá-las para a parte central – o cérebro.

Atuadores: essa característica, de modo geral, está relacionada aos movimentos dos robôs e diz respeito aos motores, bombas e compressores etc. que quando acionados pelo cérebro atuam.

Programas: Embora não tenha um estado físico, os programas são características importantes para o funcionamento, pois é responsável e **determinante** nas instruções fornecidas para cada robô. Eles informam ao cérebro quando executar as operações de como e quando se mover, bem como produzir sons etc. Os programas decidem os tipos de comportamentos dos robôs. Embora não seja objeto desse livro, uma vez que mergulha nessa área robótica, é interessante trazer um pouco mais de informação sobre esse campo da IA. Alguns dos tipos de robôs são apresentados na Tabela 4.

Tabela 4. Principais tipos de robôs e suas principais características

Tipo de robô	Principais características
Articulado	• Articulações rotativas com no mínimo e 2 articulações. • Braço ou Braços conectados(s) à articulação rotativa para efetuar movimentos variados.
Cartesiano/Pórtico	• Possuem três articulações que usam o sistema de coordenadas cartesianas, isto é, x, y, z. • São fornecidos com pulsos conectados para fornecer movimento rotatório
Cilíndrico	• Possuem normalmente pelo menos uma articulação rotatória e uma articulação prismática que são usadas para conectar os elos. • O uso de juntas rotatórias faz girar ao longo do eixo e da junta prismática usada para fornecer movimento linear.
Polar/Esféricos	• O braço é conectado à base com uma junta de torção • Possui uma combinação de 2 juntas rotatórias e uma junta linear
Scara	• Usado geralmente em aplicações de montagem. • Tem braço é de design cilíndrico. • Possui duas juntas paralelas que são usadas para fornecer conformidade em um plano selecionado.
Delta	• Tem o formato da semelhante a uma aranha. • São construídos por paralelogramos conjuntos que são conectados à base comum. O paralelogramo se move em uma área de trabalho em forma de cúpula. • São usados geralmente nas indústrias alimentícia e elétrica.

Capítulo 3

Paradigmas de Inteligência Artificial (IA)

Este capítulo aborda informações sobre os paradigmas de Inteligência Artificial, a importância dos dados corretos para tomada de decisão nos negócios e procura esclarecer também algumas dúvidas a respeito de alguns conceitos em torno da IA. Todas essas informações abrem uma janela para um melhor entendimento a respeito dos paradigmas de inteligência artificial.

Para entendermos os paradigmas de IA, precisamos primeiro discutir sobre a importância dos dados corretos para tomada de decisão nos negócios e esclarecer algumas dúvidas a respeito de alguns conceitos em torno da IA.

Para iniciar nossa discussão vamos dar uma volta no tempo. No ano de 1939, início da Segunda Guerra Mundial, a história mostra que muitos erros foram cometidos pelos líderes, alguns desses erros estão diretamente relacionados à falta ou excesso de informação (dados). Então vejamos esses erros, basicamente em dois momentos. No primeiro momento, os líderes que se encontravam em combate muitas vezes não tinham informações precisas sobre as ações de seus adversários para uma tomada de decisão. Essa situação levou muitos desses líderes a cometer erros irreparáveis. Já no segundo momento, os líderes tinham uma fartura de dados, mas eles próprios não sabiam, tampouco tinham as pessoas qualificadas para efetuar análises consistentes e inteligentes. Muitas tomadas de decisão eram encampadas com base em um, ou às vezes, dois fatores que "possivelmente" poderia favorecê-los, o que levou muitos deles a cometer erros irreparáveis. Durante seis anos a história nos revela que o único saldo positivo naqueles momentos é procurar evitar o erro. Lições essas que parecem não estar claras o suficiente para muitos líderes de negócios atualmente, pois após sete décadas da Segunda Guerra Mundial, ainda se vê muito tomadas de decisões erradas, tanto por falta de dados quanto por excesso de dados. Apesar dos muitos erros, ainda, estes tendem a diminuir ao longo dos inspiradores e ferramentas estatísticas. Cito esses três pontos de mudanças, uma vez que, não adianta ter visão se não mudar o comportamento, tampouco ter os dois, e não ter uma ferramenta que possa contribuir para reduzir suas cargas cognitivas, apoiar suas decisões e gerar insights.

O mundo dos negócios, de certo modo é cruel com as decisões de um líder e, muitas vezes não admite erro. Um erro pode ser fatal, isso porque uma tomada de decisão errada pode adoecer a organização e, favorecer a falência. O terceiro ponto assentado nessa discussão diz respeito às ferramentas estatísticas e nos remete a refletir um pouco sobre tecnologia com base nos primórdios do pensar máquinas e seus avanços. A história revela que o sonho de pensar máquinas remonta séculos. No século XVII, o matemático e filósofo alemão **Gottfried Wilhelm von Leibniz,** por muitos considerado um gênio universal e fundador da ciência moderna, desenvolveu a LÓGICA simbólica e, independentemente de Isaac Newton, inventou o cálculo com uma notação superior, incluindo os símbolos para integração e diferenciação, favorecendo, assim a invenção das calculadoras mecânicas. O pensamento de **Leibniz ajudou a impulsionar muitas áreas do conhecimento, entre elas a estatística e, consequentemente a Inteligência Artificial. No início do século XIX, o** cientista Charles Babbage deu os primeiros passos reais em direção à Inteligência Artificial como tecnologia, com um projeto de engenharia destinado a construir uma máquina pensante, ou seja, uma máquina com a tarefa de automatizar a produção de cálculos matemáticos.

A construção da máquina pensante de Babbage inspirou muitos outros projetos de equipamentos para automatizar classes de cálculos matemáticos. Essa inspiração é firmemente constatada durante o século XX, nos avanços substanciais das práticas estatísticas nas áreas de agronomia, saúde pública (epidemiologia, bioestatística, etc.), controle de qualidade industrial, propósitos econômicos e sociais (taxa de desemprego, econometria, etc.) e até mesmo na Segunda Guerra Mundial.

Embora seja muito importante abordarmos fatos que levem a pensamentos construtivos para a área de negócios, e entendemos que seja significativo conhecer um pouco da história que marcou a nossa história, mas sem deixar de vincular o nosso real propósito nesse livro. Em setembro de 1939, início da segunda guerra mundial, o uso da estatística se intensifica e passa a ser significativa para calcular a trajetória balística para canhões do exército, posicionamento estratégico das tropas de combate e também, com base nos furos de balas nas asas dos aviões, identificar onde a estrutura desses aviões deveria ser reforçada da maneira mais eficiente. Isso porque os aviões que tinham a fuselagem perfurada dificilmente retornavam. Todos esses processos de cálculo para busca dos alvos, posicionamentos das tropas e dos furos à bala dos aviões eram feitos, parte no punho, uma planilha e com o uso de calculadora. A habilidade de manusear calculadora para essas aplicações, criou na época a profissão de calculador, que teve breve duração, considerando os avanços tecnológicos.

A história nos revela que embora existissem muitos fabricantes de calculadora (Figuras 14 e 15) em todo o mundo no período da Segunda Guerra, tais como Monroe , Facit, Curta, Olivetti, entre outros, alguns desses equipamentos eram produzidos apenas como calculadora mecânica e elétrica para realizar aplicações específicas, tais como conversão de moeda libra esterlina (libras, xelins, moedas de um centavo), medidas de comprimento imperial (jardas, pés, polegadas) e medidas de peso imperial (centenas de pesos, quartos, libras). Outros tipos de calculadoras foram utilizados para calcular ângulo e tempo, assim na década de 1940 e 1950 além das operações básicas das calculadoras, novos recursos foram introduzidos nesses equipamentos, entre eles registro de memória e extração de raiz quadrada.

Figura 14. Calculadora mecânica fabricada em 1940 / Fonte: Pinterest.com

Figura 15. Calculadora mecânica fabricada em 1950 / Fonte: Mortati.com / Fonte: Pinterest.com

A introdução de recursos nas calculadoras pavimenta um repensar em direção a novas aplicações e utilização desses recursos. Embora rudimentar, a calculadora apresentava-se como um recurso de tecnologia de apoio à Inteligência Artificial (IA), visto que essa automatiza o comportamento inteligente do ser humano para resolver problemas da vida real. Essa direção adere a nossa definição sobre IA, pois muitos de minha geração nasceram em meio a calculadoras mecânicas, elétricas, eletrônicas portáteis, tinham em casas, escolas e escritórios. Entretanto, como mecanismo que automatiza o comportamento inteligente, ela pode sim, ser considerada como um aparato do IA simbólica. Até certo tempo atrás, acredito que muitos de nós tenha passado por um momento de raiva ou chateação com algum familiar, um amigo ou até mesmo um fotógrafo por conta de uma foto que não ficou do jeito que se esperava, fato que parece ser muito comum para cada um de nós, essa situação atualmente é amenizada com o aplicativo Photoshop. No entanto, com a chegada do aparelho celular e com ele as câmeras digitais, parece existir um alívio no quadro acima, falo em nome dos menos exigentes. Isso porque boa parte das questões que envolvia o posicionamento, a sombra, o sol e outras características que envolvem o reconhecimento da melhor posição do rosto em uma foto, foram beneficiadas pelos recursos de tecnologias das lentes e aplicativos. Atualmente, existe no mercado, aparelhos de celular com recursos de inteligência artificial que contam com uma NPU (*Neural Processing Unit*) de última geração, que reconhece 30 categorias diferentes de cenas e otimiza diferentes detalhes de acordo com o ambiente identificado. Isso quer dizer que, ao tirar uma foto, a câmera consegue identificar até trinta tipos de cenários (como animal, paisagem, comida), classifica e ajusta automaticamente na categoria adequada e concentra-se em detalhes sutis da imagem. Além desses detalhes voltados para a área de imagem, alguns fabricantes de aparelhos de celular têm inserido também Inteligência Artificial na forma de como os usuários fazem suas conexões, bem como do consumo de energia do aparelho. Ambos os casos estão ligados diretamente ao histórico de uso do aparelho, ou seja, um acompanhamento de comportamento do usuário.

Volta e meia nos deparamos com o que chamamos de ponto eixo, de praticamente tudo nessa vida, ou seja, falamos do "Olhar". Embora existam diferentes perspectivas para explorar a Inteligência Artificial. Na perspectiva de negócios, a Inteligência Artificial pode ser dividida por seus paradigmas: simbólico, conexionista, evolucionista, *swarm* (de enxame) e *ensemble* (composta). Cada paradigma leva a um conjunto de possibilidades de aplicação e consequentemente de negócios por conta de seus níveis de determinismo, generalização, reconhecimento de padrões, criatividade e autonomia.

Podemos dizer que o que diferencia o mecanismo de reconhecimento de faces e uma calculadora é o paradigma predominante em que cada tipo de Inteligência Artificial está sendo introduzido, e consequentemente, as características naturais de cada paradigma.

No intuito de deixar isso ainda mais claro, a Tabela 5 mostra as abordagens dos paradigmas de IA, ou seja, abordagens para construção de sistemas de IA, suas características naturais e exemplos de aplicação.

Tabela 5. Abordagens dos paradigmas de IA

			Característica naturais				
Paradigma	Exemplo		Determinismo	Generalização	Reconhecimento	Criação	Autonomia
		Princípios constitutivos	Alto grau de acurácia e baixa incerteza	Capacidade de inferir conceitos genéricos a partir de análise de similaridade e semelhança	Capacidade de classificar algo corretamente mesmo em condições imprecisas	Capacidade de rearranjar elementos na busca de um objetivo. Gerando algo novo	Capacidade de aprender a partir de dados de campo com o mínimo de intervenção humana. Seja na preparação dos dados, seja na configuração de parâmetros
Simbólica	Calculadora, Workshop, Navegação GPS, Xadrez, Chatbox	Transformações baseadas em Regras logicas e simbólicas	Altíssimo	Muito baixa	Muito baixa	Nula	Baixa/baixíssima
Conexionista	Carros autônomos, reconhecimento de: texto, voz, faces e imagem	Funcionamento dos neurônios	Médio/ baixo	Média/Alto	Altíssimo	Média	Média
Evolucionista	Produtos criados: antenas p/ comunicação com Marte, componentes de ponte e chassis de carros	Evolução natural	Baixo	Média	Média/baixo	Alta/Altíssimo	Média
Swarm	Otimização de logística, otimização de SKUs, definição de perfis	Comportamento emergente inspirado em formiga, abelhas e partículas	Médio	Médio/ alto	Médio/ alto	Médio/ alto	alta
Ensemble	AlphaGO, Watson , Aquarela Vortx	Junção de todas as abordagens de IA para IA	Médio/ alto/ altíssimo	alto/ altíssimo	alto/ altíssimo	Médio/ alto/ altíssimo	altíssimo

Estamos vivendo um período de rápidas mudanças em várias direções, onde a IA vem protagonizando a transformação digital em todos os aspectos de nossas vidas. Essas mudanças de sustentação conferem ainda mais a IA como fator-chave para o crescimento futuro dos negócios, que tem influenciado na maioria das atividades humanas, desde cadeias de suprimentos a cuidados de saúde, educação, fabricação, entretenimento e até exploração espacial.

As direções dos paradigmas de negócios expostas na apresentação da classificação dos mecanismos de IA em relação às dimensões de determinismo, generalização, reconhecimento, criatividade e autonomia, Tabela 5, nos leva a entender algumas das flexibilidades que cabem dentro da definição do que é Inteligência Artificial (IA), e automaticamente dá visibilidade às suas potencialidades e usos para implementação de acordo com as necessidades de cada setor de negócio.

À medida que avançamos nossos conhecimentos sobre IA de forma horizontal, precisamos em dado momento também mostrar um pouco desse conhecimento de forma vertical, ou seja, com um pouco mais de profundidade. Faremos isso a seguir, partindo desde o rastreamento da origem de cada um dos paradigmas de IA até suas aplicações de negócios.

Paradigma Simbólico nos negócios

Na década de 1950, para dar aos computadores a capacidade de raciocinar mais como nós, um pequeno grupo de pesquisadores de diversas áreas técnicas na cidade de Hanover, nordeste dos Estados Unidos, se reuniu de maneira otimista para construir máquinas inteligentes com base nas regras lógicas e simbólicas que permitem as máquinas fazer comparações e interpretar como objetos e entidades se relacionam. A abordagem da Inteligência Artificial aqui aplicada "simbólica" exigia que os pesquisadores manejassem seus sistemas inserindo manualmente "símbolos" legíveis por humanos e as regras para manipulá-los e relacioná-los. Nessa pegada emergiam as tentativas de representar explicitamente o conhecimento humano em fatos, regras e outras formas simbólicas declarativas. À medida que os pesquisadores manipulam símbolos, inúmeras realizações são realizadas em favor da humanidade e dos negócios.

Paradigma da Inteligência Artificial simbólica na perspectiva de negócio, por sua simplicidade é marcada por uma tendência a produzir simulações de inteligência que se aplicariam apenas a ambientes rigidamente bem organizados com um número relativamente pequeno de dimensões de variação independentes e bem comportadas. Podemos dizer, então, com base nas características naturais apresentadas na Tabela 5, os mecanismos de sistemas inteligentes que efetuam transformações simbólicas (números, notas, letras, palavras e símbolos lógicos), incluem os programas de uso geral como sistemas ERP, *workflows*, planilhas, calculadoras (todos com alto determinismo, baixa generalização, baixo reconhecimento e nenhuma criatividade), parte importante para gestão das organizações. Temos ainda os sistemas de raciocínio, que operam sobre as regras canônicas da lógica proposicional, os chamados *Reasoners*, por usarem bases de conhecimento lógico processual previamente preparadas por especialistas (Ontologias Computacionais), que se diferenciam dos sistemas de regras lógicas de transformações simbólicas, por sua alta capacidade de generalização e reconhecimento. Esses sistemas vêm avançando e se mostrando útil em diversas áreas, entre elas: diagnóstico médico, composição de respostas a questões jurídicas, cálculo de rotas em mapas de aplicativos como o Google Maps, diagnóstico médico.

Inteligência Artificial Simbólica: Aplicações de negócio

Embora a Inteligência Artificial Simbólica (IAS) seja muito criticada por várias razões, entre elas o fato de que as estruturas simbólicas precisam de codificação manual, que é cara e complicada, e que são incapazes de fornecer uma visão rica para a organização computacional do cérebro, a IAS é pragmática, e possui todas as regras claramente codificadas e sua validação é de fácil comprovação, logo sua aplicação é muito útil em áreas conservadoras como Saúde, Judiciária e Fiscal. Timidamente, seu campo de atuação tem se estendido muito além das áreas conservadoras, isso inclui as áreas de óleo e gás, energia, aeroespacial e mineração, estações de extração de petróleo e minério, bem como na geração e automação de planos de ações a serem tomadas em caso de incidentes em operações de risco como aeroportos. Atualmente, por ser um recurso com alto determinismo, este vem sendo muito utilizado como ferramenta valiosa nos call centers, particularmente no gerenciamento de atendimento ao cliente, graças ao seu reconhecimento de fala aprimorado. Falo do *Chatbot* (Figura 16), software que atende a uma variedade de segmentos de mercado, principalmente no setor de atendimento.

Figura 16. Chatbot / Fonte: canstockphoto.com

Paradigma Conexionista nos negócios

Durante a década de 1940, na Universidade de Chicago, Estados Unidos, buscando parceria no andamento de seus trabalhos de representação do sistema nervoso, o pesquisador, psiquiatra e neuroanatomista Warren McCulloch convidou o pesquisador em matemática Walter Pitts, para fazer parte das suas pesquisas. Os dois descobriram que os sinais nas redes neurais do cérebro podem ser modelados por expressões lógicas, exibindo propriedades digitais.

O pensar desses pesquisadores abriu portas para muitos trabalhos, bem como discussões a respeito de como simular a representação de dados nessas estruturas para desenvolver graus de inteligência em computadores. O paradigma conexionismo é, para alguns, uma posição radical precisamente porque se supõe que ela incorpora uma visão segundo a qual os processos cognitivos inteligentes são eles próprios não inteligíveis, isto é, são capazes de resistir às nossas tentativas de compreensão teórica.

Um desses trabalhos foi o de Frank Rosenblatt, da Universidade de Cornell nos Estados Unidos, em 1958. Rosenblatt nomeou seu experimento com redes neurais artificiais "perceptron", cujo modelo tinha 400 fotocélulas conectadas a 1.000 perceptrons e só foi capaz de concluir tarefas muito simples. Como já era de se esperar, os resultados apresentados pelos pesquisadores foram fortemente criticados, mas foram primordiais para modelar a inteligência, simulando as redes neurais em nossos cérebros. Essas redes neurais computacionais construíram caminhos entre entrada e saída através de uma série de unidades interconectadas.

Final dos anos 80 e início dos anos 90, novos modelos conexionistas ressurgiram através de obras de estudiosos como Rumelhart, McClelland e Paul Smolensky. Um desses modelos conexionista tinha como objetivo prever o pretérito da língua inglesa e foi desenvolvido por David *Rumelhart* e James L. *McClelland* em 1986. No início do século XXI, graças ao crescente corpo de dados acessíveis, publicações de trabalhos e experimentos, o paradigma conexionista está se desenvolvendo muito rapidamente e pavimenta caminhos em várias direções.

Os caminhos criados pelo paradigma conexionista, inspirado na estrutura dos neurônios, as chamadas redes neurais ou neuronais simulam o funcionamento dos componentes do cérebro de uma forma simplificada em ambientes computacionais.

Embora existam vários tipos de redes neurais e métodos de uso e treinamento, iremos nos ater, neste momento, a abordagem que tem recebido bastante atenção, o chamado *Deep Learning*, que é a aplicação de redes neurais complexas em grandes volumes de dados em infraestruturas de servidores. Sua abordarem se dá em função das várias aplicações atualmente existentes.

Com base nas características naturais apresentadas na Tabela 5, podemos dizer que os mecanismos de sistemas de Inteligência Artificial, que funcionam inspirados nos neurônios, incluem os programas de uso geral para reconhecimento de texto, voz, faces e imagem, tais como *AlphaGo* da Google DeepMind e o *DeepFace* da Facebook, entre outros. Todos com alto poder de reconhecimento, de média a alta generalização, de médio a baixo determinismo e média criatividade e autonomia.

Nos últimos anos, o uso desse tipo de Inteligência Artificial começou a ser impulsionado e bastante difundido com a publicação de *frameworks Open Source* de programação como o *TensorFlow* da Google e o *Torch* do Facebook. Há uma variedade de aplicações que são variadas, indo de reconhecimento de face nos celulares, reconhecimento de voz, textos, até os complexos carros autônomos, entre outros.

Inteligência Artificial Conexionista: Aplicações de negócio

Grandes corporações como Google, Facebook, Amazon, Netflix, Ebay e Tesla vêm explorando esse paradigma em seus produtos e serviços. Embora esse paradigma ofereça bastante versatilidade, o custo e risco de criação e aplicação ainda são muito altos, tendo em vista a complexidade dos processos e treinamento dos modelos e suas possíveis configurações.

Seguem algumas das principais aplicações de *Deep Learning* e negócio, que estão sendo utilizadas atualmente.

Uso para compreensão do comportamento do cliente. Grandes *players* do e-commerce como, Amazon e eBay, vêm utilizando *Deep Learning* para aprender com as experiências dos clientes em seus sites de compra. Essa experiência de aprendizado tem como base os dados coletados do consumidor. Normalmente, isso é feito por meio de aplicações por trás do site dos players, as quais avaliam as interações do consumidor com produtos e as respostas aos anúncios. Partindo daí, otimizam os dados para que a experiência do cliente seja mais envolvente. Essa aplicação permite que uma abordagem inovadora de aprendizagem de máquina possa detectar automaticamente padrões complexos e ocultos no comportamento do consumidor em alta escala, que possa ajudá-lo na próxima compra. Essa aplicação é mostrada na Figura 17.

Figura 17. Aprendendo sobre comportamento do cliente

Uso da Imagem fotográfica ou espectrométricas. Essa vem sendo uma das maiores aplicações do *Deep Leraning*, por sua possibilidade de inspeção e controle de qualidade de produtos industrializados. Os sistemas aprendem sobre a textura, aspecto, força e sabor de produtos e são capazes de gerar ganhos significativos na redução de custos do controle de qualidade e confiabilidade. Por exemplo, imaginem uma imagem de trilhos de uma ferrovia de trem sendo capturada em tempo real, com foco específico nos pontos de ligação. Essas imagens servem para avaliar deterioração e irregularidades de forma ou outros problemas, ajudando a reduzir acidentes de descarrilamentos. Essa aplicação é representada na figura 10.

Figura 18. Trilhos de ferrovia / Fonte: maquinadeaprovação.com.br

Uso no reconhecimento facial. Uma aplicação prática do reconhecimento de imagem (Figura 19) é a legendação (ou descrição de cena) automática. Essa aplicação pode ser crucial em investigações criminais para identificar atividades transgressoras em meio a milhares de fotos de indivíduos presentes em áreas onde um crime ocorreu. Essa aplicação vem sendo utilizada também pelo Facebook, para identificar quais são os potenciais usuários a serem marcados em uma determinada foto. Uma outra aplicação vem sendo os carros autônomos que também serão beneficiados com reconhecimento de imagem através do uso de câmeras com tecnologia 360°.

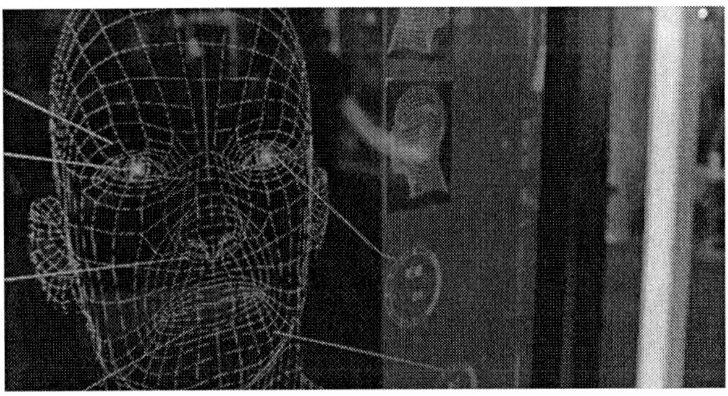

Figura 19: Reconhecimento facial / Fonte:ejinsight.com

Paradigma Evolucionista nos negócios

Na Inteligência Artificial, o paradigma evolucionista de aprendizado é baseado em algoritmos que usam como inspiração a evolução natural, os chamados algoritmos genéticos.

Por meio da reprodução, mutação, recombinação e seleção, o cálculo evolutivo realiza uma pesquisa exploratória paralela de soluções. Tendo em vista, que essa tecnologia é baseada em uma população de soluções, e não em uma solução única e continuamente refinada, ela pode se dar ao luxo de experimentar novas ideias e descobrir soluções surpreendentes e criativas em seus ecossistemas.

Ao longo dos últimos anos, vários pioneiros da computação evolucionária deduziram independentemente de suas observações da natureza que a evolução pode servir, quando abstraída artificialmente, como um poderoso algoritmo de otimização, entre eles Holland, Goldberg e Schwefe. As descobertas da evolução na natureza, como o voo dos pássaros ou a inteligência do cérebro humano, sugeriram a esses pioneiros que, se a pressão de condicionamento for calibrada para impulsionar a seleção em direção a um objetivo ambicioso, a evolução poderá se tornar uma ferramenta de design e criação direcionados.

Muito semelhante ao que ocorreu na natureza, a computação evolucionária extrai ideias da evolução natural do *design* de seres vivos, como a sobrevivência do mais apto, a seleção natural, a reprodução, a mutação, a competição e a simbiose. Essas ideias evoluem de forma muito rápida em ambientes criados com uma grande quantidade de computadores interligados na forma de *Cluster*. Assim, como nossos olhos e mãos evoluíram, mecanismos dos seres vivos como antenas, turbinas, pontes e microchips são desenhados a partir de bilhões de interações em um processo darwiniano.

Inteligência Artificial Evolucionista: Aplicações de negócio

Embora os algoritmos evolutivos sejam utilizados em várias oportunidades de negócio, destacamos duas aplicações. A primeira fornece informações sobre a experiência do usuário nas compras on-line. A segunda revela o uso da tecnologia para calibração de motores de carros. Então vejamos.

Alguns *players* do mercado de varejo on-line, entre eles a Amazon têm utilizado os algoritmos evolutivos para aumentar ou impulsionar uma experiência on-line do usuário. De modo geral, as empresas estão empregando soluções baseadas em IA para personalizar recomendações de produtos em tempo real, à medida que o usuário clica no catálogo e seleciona itens diferentes. O detalhe dessa operação está na combinação de dados demográficos, nos dados históricos de transações passadas do usuário e até mesmo no monitoramento de mídia social, que ajudam a gerar recomendações individualizadas do próximo produto a ser comprado. De maneira geral, a solução de IA pode mudar e alterar as recomendações do produto com base nas interações atuais do usuário com o site. Nesta operação, os analistas de negócio, observam que julgar as ações atuais no site é muito mais eficaz do que usar dados históricos para prever o que o usuário deseja a seguir.

Outro bom exemplo está no mercado automobilístico que, nos últimos 20 anos, vem se deparando com uma variedade de demandas com processos caros e demorados, entre eles o aumento da complexidade dos motores, provocada pela explosão combinatória do espaço das variáveis e a calibração do motor (Figura 20). Com o objetivo de obter uma abordagem eficiente e econômica em seus resultados, equipes de engenheiros de software da Alemanha e Inglaterra, atentos à força do algoritmo evolutivo vêm apresentando ganhos de durabilidade, desempenho e economia de materiais para os motores de suas companhias.

Figura 20: Tecnologias evolucionárias / Fonte: blogs.oracle.com

Paradigma *Swarm* nos negócios

A diversidade da natureza sempre foi uma rica fonte de inspiração para os pesquisadores ao longo dos tempos, e ainda há muito para aprender e descobrir. Diante dessa riqueza, muitos comportamentos do grupo de animais intrigam a comunidade científica, entre esses está o comportamento de enxame, por sua coleção estrutural de organismos ou agentes em interação. Embora a interação ou cooperação entre os indivíduos (formigas, abelhas, pardais, borboletas, entre outros) seja determinada geneticamente, a interação social (métodos naturais) para distribuição de tarefas e atingir um objetivo global desempenha um papel fundamental no comportamento resultante do enxame. Esse comportamento chamou a atenção dos cientistas da computação no final da década de 1980, que propuseram as ideias científicas desses sistemas de nomes naturais para o campo da inteligência artificial.

A história revela que a expressão "Swarm Intelligence" foi introduzida pela primeira vez por G. Beni e J. Wang na estrutura mundial de otimização como um conjunto de algoritmos para controlar o enxame robótico em 1989.

Algumas das características de um sistema de inteligência de enxame incluem que indivíduos são relativamente homogêneos, ou seja, semelhantes ou diferem muito pouco; é composto por uma população de indivíduos; as interações entre indivíduos são baseadas em regras simples de comportamento, produzidas e baseadas apenas em informações disponíveis localmente que um indivíduo pode obter por meio de comunicação direta ou indireta com seu ambiente. Um desses métodos é estigmático, uma vez que o comportamento coletivo do sistema é o resultado de todas as interações dos indivíduos entre si e as interações dos indivíduos com o ambiente, portanto, o comportamento do sistema é o resultado da auto-organização.

Os maiores avanços com o paradigma *Swarm*, ou seja, com uso de algoritmos de inteligência de enxame só foram constatados no início do século XXI, em função de aplicações no mundo real.

Um passo importante que abriu caminho para muitos trabalhos na construção de algoritmos de inteligência de enxame, particularmente de abelha, foi dado no ano de 2005 pelo cientista D. Karabago.

Nos últimos anos, diversos algoritmos de inteligência de enxame exibem numerosos recursos poderosos que são desejáveis em muitos sistemas das áreas de transporte, logística e engenharia. Muitos desses algoritmos foram construídos para tarefas de otimização e problemas de domínio, incluindo problemas de otimização de funções, localização de rotas, agendamento, otimização estrutural e análise de imagens e dados. Os resultados apresentados nestas áreas têm sido surpreendentes e seu uso posterior é limitado apenas pela imaginação.

O paradigma da Inteligência Artificial de enxame na perspectiva de negócio, revela um olhar para a estrutura de organismos, bem como para a interação dos agentes na busca de crescer ou mesmo reestruturar. Um exemplo clássico ocorre quando as organizações ficam saturadas em um setor ou com capacidade total em um só lugar. Os líderes dessas organizações podem pensar em como as abelhas encontram lugares alternativos para expandir ou diversificar colmeias de forma segura e com menor risco para as atividades. Isso também pode ser visto com maior clareza em um ambiente de trabalho, em que, independentemente da rota que seus agentes façam, o foco é cumprir o objetivo. Naturalmente que, o estreitamento dessa rota para cumprimento do objetivo pode ser maior, quando se tem um líder à frente.

Pode-se dizer então, com base nas características naturais apresentadas na Tabela 5, que os mecanismos de sistemas inteligentes de enxame com base em comportamentos emergentes inspirados em formiga, abelhas, borboletas entre outros, têm sido utilizados com sucesso nas áreas de transporte e logística que envolvem a complexa movimentação de mercadorias por diferentes rotas. Isso porque as aplicações têm autonomia alta com capacidade de aprender a partir de dados de campo com o mínimo de intervenção humana. Seja na preparação dos dados, seja na configuração de parâmetros; médio a determinismo; de Médio a alta generalização; médio reconhecimento; de médio a alta criação.

Inteligência Artificial *Swarm*: Aplicações de negócio

Muitas companhias de transporte e logística, em todo planeta, sofrem com a complexidade de tratar e gerir informações em tempo real para minimizar problemas de roteamento do tráfego de entrega, melhorar a eficiência de combustível, mau tempo, tamanhos diferentes de caminhões e mangueiras, rotas estreitas e chamadas de emergência, entre outros, que impactam diretamente ou indiretamente nos seus negócios. Esse cenário levou uma empresa suíça, que fornece óleo para aquecimento nas residências, a procurar soluções inovadoras. Os desenvolvedores da aplicação utilizaram como base os princípios das formigas, e reduziram o tempo de viagem. A análise aparentemente simples, revela que cada caminhão serviu como uma «formiga», deixando trilhas no caminho para que outros entendessem e respondessem e naturalmente melhorassem a eficiência operacional.

Outro exemplo dos quais podemos nos beneficiar com a inteligência artificial de Swarm e melhorar a eficiência operacional no chão de fábrica, está em observar como as abelhas alocam o trabalho entre si. Normalmente em uma operação de trabalho dentro de uma colmeia há abelhas operárias, abelhas rainhas e abelhas amamentando. Quando a carga de trabalho aumenta, até as abelhas amamentadoras ajudam abelhas operárias a concluir uma tarefa. Com base nessa eficiência operacional das abelhas e alguns outros detalhes da operação, uma empresa multinacional britânica-neerlandesa de bens de consumo otimizou os cronogramas de suas fábricas usando o algoritmo de inteligência de enxame, gerenciando as complexidades de uma fábrica de produtos químicos quando as práticas tradicionais não podiam fazê-lo. Neste contexto, entre as máquinas e objetos utilizados estavam misturadores químicos, tanques para armazenamento, linhas de embalagem com uma variedade diferente de operações, exigindo tempos de troca de um produto para outro e manutenção periódica.

Os centros de distribuições das companhias (Figura 21) que atendem a área de varejo nos revelam também um bom modelo a ser seguido. Isso porque as formigas distribuem os alimentos da fonte de alimento para o próximo através de um princípio de revezamento, um passando o alimento para o próximo na cadeia. Nesse modelo, destaca-se a importância de um sincronismo nas atividades das pessoas envolvidas no processo, a fim de evitar que as pessoas mais rápidas possam ser subutilizadas e as pessoas mais lentas, criadas para fazer mais trabalho.

Figura 21: Varejo on-line / Fonte: theengineer.co.uk

Por consumir menos energia e aprender mais rápido, abordagem de aprendizado *Swarm* torna as aplicações mais ágeis e adaptáveis em tempo real. Seguem abaixo aplicações de uso mais generalizado

- Definição ótima de categorias de SKUs e balanceamento do mix de produtos para otimização do marketing;
- Mapeamento de pontos cegos de patentes em estratégias de cobertura de propriedade industrial;
- Criação de sistemas de precificação dinâmica com alta capacidade de adaptabilidade e respostas em tempo real, permitindo assim a maximização do *markup* em mercados de alta velocidade e variância como bolsas de valores, commodities, passagens aéreas e leilões invertidos;
- Otimização de rotas logísticas para carga em malha viária ou em ambientes urbanos complexos.

Paradigma *Ensemble* nos negócios

O paradigma *ensemble* já nasceu grande, isso por ele compreender todos os outros paradigmas de negócio. Rastrear seu ponto de partida ou surgimento parece uma tarefa nada difícil, visto que a ideia básica de utilizar esse tipo de sistema inteligente está em uso na sociedade humana há muito tempo. Diferentemente dos demais paradigmas que têm suas construções de soluções e aplicações voltadas para cada aprendizado por vez, o *ensemble* pode aprender com várias aplicações ao mesmo tempo e ainda combiná-las.

Esse tipo de aprendizagem, nomeado de aprendizado por conjunto também é chamado de aprendizado baseado em comitê ou aprendizado de vários sistemas classificadores. Como já comentado, o paradigma *ensemble* consiste de um conjunto que pode ser amplamente definido como um sistema de aprendizado de máquina construído com base num conjunto de modelos individuais, esses trabalhando em paralelo cujas saídas são combinadas com uma estratégia desejada de fusão de decisão para produzir uma resposta única para um determinado problema. Em outras palavras, podemos dizer que a aplicação combinada dos outros quatro paradigmas, de forma previamente determinada ou em uma combinação dinâmica, na própria Inteligência Artificial gera a configuração perfeita para atacar o problema-alvo.

Uma maneira fácil de melhor entender o aprendizado do *ensemble* é usando a fábula dos cegos. Considerando suas sensibilidades, embora todos os cegos tivessem sua própria descrição do elefante e mesmo que cada uma fosse verdadeira, seria melhor reunirem-se e discutir sua compreensão antes de chegar à conclusão. Essa é umas das histórias que melhor descreve o método de aprendizado do *Ensemble*

Embora nascido grande, somente na década de 1990, pesquisadores e estudiosos de diversas áreas, como aprendizado de máquina, reconhecimento de padrões, aprendizagem profunda, mineração de dados, redes neurais e estatísticas, exploraram os métodos de *ensemble* sob diferentes aspectos.

Características naturais apresentadas na tabela 5 indicam que os mecanismos de sistemas inteligentes de *ensemble* com base na junção de todas as abordagens dos outros paradigmas para Inteligência Artificial emergem como uma solução ampla para várias aplicações, carros autônomos da *Tesla* e da *Waymo* (Google) e *Watson* da IBM são bons exemplos dessa abordagem. Isso porque as aplicações têm autonomia alta com capacidade de aprender a partir de dados de campo com o mínimo de intervenção humana. Seja na preparação dos dados, seja na configuração de parâmetros; de médio a altíssimo determinismo; de alta a altíssima generalização; de alto a altíssimo reconhecimento; de média a altíssima criação.

Inteligência Artificial *Ensemble*: Aplicações de negócio

Quase 100% das aplicações de aprendizado do *ensemble* estão voltadas para resolver problemas de concorrência, que abrangem uma grande variedade de tarefas práticas, como exemplo, temos os sistemas de detecção de intrusão em rede. Esses sistemas são muitos utilizados, pois ajudam a entender comportamentos estranhos nas redes de dados das empresas, ou seja, quando usuários fogem aos padrões predeterminados na rede, esses podem ser facilmente identificados e alertados sobre essas operações. Muitas empresas utilizam sistema de detecção de intrusões (IDS) para proteger um sistema contra ataques à rede. O sistema IDS normalmente monitora a atividade em uma rede de computadores conectados para analisar a atividade de padrões intrusivos.

O aprendizado do *ensemble* tem influenciado também os resultados da prestação de serviços de saúde, tanto da perspectiva operacional quanto clínica. Gerenciamento de capacidade de hospitais (Desospitalização, utilização de ativos, baixos tempos de espera para pacientes e número de vagas disponíveis para pacientes, entre outros). Nesse sentido, muitos hospitais nos Estados Unidos vêm aplicando **soluções** avançadas de **software de Inteligência Artificial para assistência médica.** O líder de um desses hospitais relata que a Inteligência Artificial provou seu valor na automação da assistência médica, aprimorando os fluxos de trabalho clínicos, o faturamento contínuo, gerenciando reivindicações, detectando fraudes e prevendo infecções adquiridas em hospitais. Essa aplicação é apresentada na figura 22.

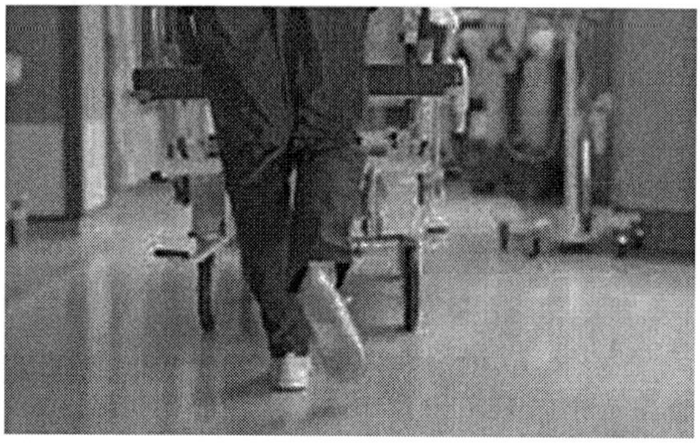

Figura 22: Operações nos serviços de saúde / Fonte: modernhealthcare.com

São diversas as possibilidades de abordagem para o aprendizado *ensemble*, segue abaixo as aplicações de uso mais generalizado.

- Testes AB com centenas e milhares de possibilidades combinatórias na busca da melhor abordagem de experiência de usuário na maximização da conversão de clientes;
- Recomendação de compra e venda de ativos financeiros de forma adaptativa por meio de predição de cenários futuros;
- Recomendação prescritiva a partir da predição das preferências de clientes do sistema bancário de produtos financeiros;
- Descoberta dos perfis de clientes com maior fidelização, assim permitir direcionar o esforço comercial e marketing para esses clientes e dessa forma trabalhar com uma abordagem proativa de redução de *Churn* (perdas de clientes)

Parte 2
Soluções *Analytics* de IA nos Negócios

Capítulo 4

Uma Breve Introdução aos tipos de Soluções *Analytics*

Até agora o foco do nosso assunto girou em torno da origem e paradigmas da Inteligência Artificial (IA) nos negócios. Entretanto, para torná-la útil, faz-se necessário percorrer duas etapas que levam ao entendimento sobre a cultura de dados nas empresas, seguido da análise de dados propriamente dita. A primeira etapa diz respeito à identificação e compreensão dos problemas de negócios que podem se beneficiar da IA para obter resultados de sucesso. Além de identificar e compreender esses problemas de negócios é importante que as empresas dediquem esforços de gerenciamento de dados a eles, isso porque a solução de problemas de negócios deve fazer parte da sua estratégia de dados da organização.

Na segunda etapa é importante traçar objetivos claros de como o poder da IA pode ser usado para alcançar esses resultados na organização. Como o processo de IA move-se no sentido de buscar resultados com base nos dados, deve-se ter em mente que o seu objetivo final é contribuir para a tomada das melhores decisões com mais frequência.

Notem que as duas etapas descritas tangem um olhar para os dados. Esse é um ponto altamente relevante nesse processo até alcançar a IA. Normalmente empresas com uma cultura de dados, ou seja, as empresas que possuem uma compreensão da importância dos dados têm maior facilidade de lidar, descrevê-los e até mesmo fazer descobertas. A cultura de dados também ajuda a criar confiança e incentiva a colaboração entre a equipe de negócios e os cientistas de dados. Em geral, essas empresas atuam com um ciclo que envolve a coleta dos dados, limpeza, análise e a extração de valor, pois sabem que essa é a chave para uma transformação digital bem-sucedida nos seus negócios. Vale lembrar que essas empresas tiveram seu processo de infância com os dados. Ainda hoje elas procuram maneiras de refinar, melhorar e desenvolver mais os processos, para maximizar os benefícios dos dados.

Caso sua organização não tenha uma cultura de dados, um bom começo é alinhar os objetivos da equipe executiva e de negócios com suas equipes de TI para garantir que todos estejam seguindo na mesma direção e, basicamente, cientes das necessidades e capacidades um do outro.

Nesse sentido, o estudo publicado pela McKinsey sobre *"Por que a cultura de dados é importante"* sugere 7 aspectos principais que devem ser adotados pelas organizações que se esforçam para adotar a cultura orientada a dados:

1. **Cultura de dados é cultura de decisão** - Não encare a análise de dados como um "experimento científico" interessante ou como um exercício de coleta de dados para o bem dos dados. O objetivo fundamental na coleta, análise e implantação de dados é tomar melhores decisões.

2. **Cultura de dados, imperativos de nível executivo e diretoria** - O compromisso do CEO e da diretoria é essencial. Mas esse compromisso deve ser manifestado por mais do que ocasionais pronunciamentos de alto nível; deve haver uma conversa contínua e informada com os principais tomadores de decisão e aqueles que lideram iniciativas de dados em toda a organização.

3. **A democratização dos dados** - Coloque os dados na frente das pessoas e elas ficam empolgadas. Mas construir experiências legais ou impor ferramentas de cima para baixo não é suficiente. Para criar uma vantagem competitiva, estimule a demanda por dados de base.

4. **Cultura e risco de dados** - Uma cultura de dados eficaz coloca o risco em sua essência - um "yin e yang" da sua proposta de valor. Embora as empresas devam identificar suas "linhas vermelhas" e honrá-las, o gerenciamento de riscos deve funcionar como um acelerador inteligente,

introduzindo análises nos principais processos e interações de maneira responsável.

5. **Catalisador da cultura** - O conselho e o CEO levantam a questão dos dados e as pessoas na linha de frente atendem. Mas, para realmente garantir a adesão, alguém deve liderar a acusação. Isso requer pessoas que possam unir os dois mundos - ciência de dados e operações no local. E, geralmente, os agentes de mudança mais eficazes não são nativos digitais.

6. **Compartilhando dados além dos muros da empresa? Não é tão rápido** - Há uma crescente discussão sobre uma mudança nos ecossistemas, com a suposição de que um valor muito maior será entregue aos clientes, reunindo uma variedade dos melhores ativos de dados e análises disponíveis no mercado, em vez de criar tudo internamente. No entanto, os líderes inspiradores estão construindo culturas que veem os dados como o ativo da "joia da coroa", e a análise de dados é tratada como proprietária e como fonte de vantagem competitiva em um mundo mais interconectado.

7. **Casamento de talento e cultura** - A competição por talentos de dados é incansável. Mas há outro elemento em jogo: integrar o talento certo para sua cultura de dados. Isso exige um equilíbrio adequado para a sua instituição entre injetar novos funcionários e transformar os existentes. Tenha uma visão mais ampla do fornecimento e um olhar mais preciso sobre as habilidades que sua equipe de dados exige.

Essa visão sobre o entendimento da cultura de dados nas empresas reforça a importância de ampliar o uso da análise de dados, para obtenção de resultados nos negócios.

É útil que as empresas analisem a IA através das lentes dos recursos de negócios, e não das tecnologias. Em termos gerais, a IA pode suportar três importantes necessidades de negócios: automatizar processos de negócios, obter *insights* através da análise de dados e envolver-se com clientes e funcionários (*Davenport*).

Antes de prosseguir sobre os tipos de soluções *analytics*, vamos entender o que é uma análise. De acordo com o site investopedia.com, análise de dados é a ciência de analisar dados brutos para tirar conclusões sobre essas informações. O site destaca ainda que muitas das técnicas e processos de análise de dados foram automatizados em processos e algoritmos mecânicos que trabalham com dados brutos para consumo humano. Nesse passo, o site ainda mostra que as técnicas de análise de dados podem revelar tendências e métricas que de outra forma seriam perdidas na massa de informações. Essas informações podem ser usadas para otimizar processos para aumentar a eficiência geral de um negócio ou sistema.

Um olhar acompanhado de uma boa análise pode mudar muitos cenários. Empresas como Facebook, Amazon.com, Netflix, Shopback e a Google são mestres em analisar dados por meio da IA. Essas empresas usam seus dados para conseguir vantagem competitiva, melhorar a eficácia da organização, compreender melhor o futuro e reduzir efetivamente os possíveis riscos, a fim de aumentar a receita e perceber melhor o cliente.

Imaginem o mecanismo de recomendação da Amazon.com. Nas operações de acompanhamento dos clientes pelo site, a empresa atua basicamente com estratégias inteligentes de análise de negócio, para tal utiliza duas análises de dados: uma com base no histórico de compra, que envolve os padrões de compra do cliente e outra com base nas interações atuais do usuário com o site. Essas análises levam a experiências extremamente bem-sucedidas que melhoram as recomendações para o cliente ou *prospecte*. Acreditamos que tenham observado que a empresa em questão faz dois movimentos precisos na busca do sucesso, e que aparentam ser iguais, mas significam coisas diferentes, pois estamos falando dos movimentos de análise de dados e de análise de negócio.

Independentemente do movimento que você esteja fazendo agora, se construindo uma ferramenta de análise, comprando um aplicativo de inteligência de negócios ou apenas procurando entender melhor os termos tecnológicos, é útil se familiarizar com o espectro da análise. Pensando nisso, vamos entender, o que cada um desses termos significa. A análise de dados é parte do processo da descoberta de conhecimento que envolve extrair, transformar, carregar, modelar e tirar conclusões dos dados para tomar decisões. Como análise de dados não é o objetivo do livro, passaremos em frente. Assim, vamos direto ao ponto, ou seja, a análise de negócio, que é um processo de várias etapas. Cada etapa envolve a análise de dados para chegar a um tipo específico de conclusão, cujo objetivo final é criar a melhor estratégia inteligente possível para a ação organizacional otimizada.

Nos últimos anos, estratégias inteligentes e analíticas de negócio tornaram-se cada vez mais determinantes para as empresas compreenderem seus clientes, seus mercados e para tomar decisões mais assertivas referentes aos seus negócios. Entender os desejos de seu público-alvo não é tarefa fácil, além do mais, o volume de dados tornou-se maior e difícil de manipular, esbarrando na forma de processá-los, analisá-los e compreendê-los. Em vez de ser limitado a tirar amostras de grande volume de dados, você pode utilizar dados muito mais detalhados e completos. Nesse cenário aparentemente complexo, a IA é um forte aliado para fornecer oportunidades de escalar formas de análises de negócio no oceano de dados da sua organização. Durante essa escalada, é natural nos depararmos com diferentes estágios da análise de negócios, visto que há uma enorme quantidade de dados que precisa ser processada para se chegar a um tipo específico de conclusão e, dependendo da direção da orientação para o problema em questão a ser resolvido, um tipo de análise será utilizada. Existem cinco tipos de análise de negócios - analítica descritiva, diagnóstica, preditiva, prescritiva e cognitiva. Como o objetivo básico da análise de negócio é descobrir e entender dados para executar uma ação, esses cinco tipos de análises de negócios orientados a dados são livres para escolher qual análise é a mais adequada para satisfazer suas necessidades de negócios.

Independentemente de você confiar em um ou mais tipos de análise de negócio, você pode obter uma resposta que, como proprietário de uma empresa ou analista, precisa saber desde o que está acontecendo em seus negócios até melhorar o curso de uma ação a ser adotado caso algo aconteça. A Figura 23 ajuda a fornecer uma visão ampla sobre os cinco tipos de análises de negócios, linhas de orientação e ação

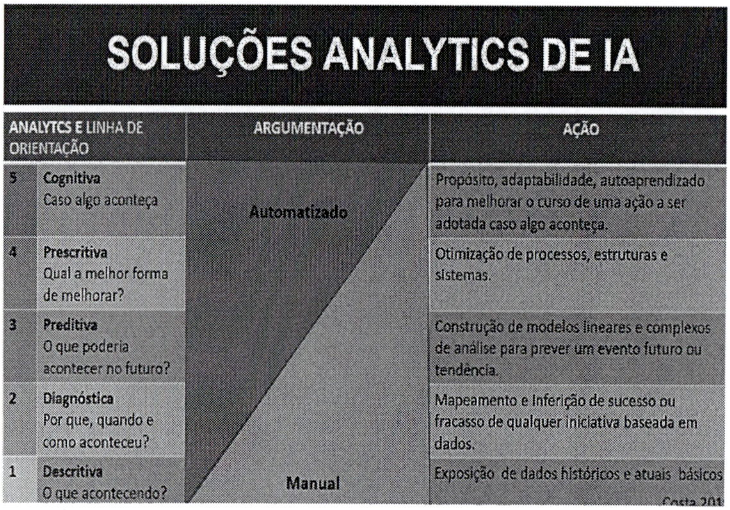

Figura 23. Tipos de análises de negócios

Embora todos as três colunas da Figura 23 sejam importantes, a princípio faremos dois destaques. O primeiro deles diz respeito à coluna de análise e linha de orientação, nesta coluna temos os cinco tipos de análises de negócio, que serão vistos um a um em detalhe, posteriormente. Neste momento chamamos atenção para os tempos de aplicação, pois cada uma das análises está alinhada à orientação. A exemplo, temos a análise descritiva que é uma das primeiras etapas do processamento, quando orientada pelo tempo presente, ou seja, nesta análise se procura entender o que está acontecendo nos negócios. No segundo destaque, coluna de argumentação, temos uma divisão básica das análises de negócio que mostra a sua evolução partindo de uma operação mais manual até uma mais automatizada.

Agora, introduziremos um detalhamento da inteligência artificial em cada uma das cinco análises de negócios e focaremos, no capítulo seguinte, em sua implementação. Então vejamos.

Atualmente, o mundo empresarial moderno está sendo inundado com um imenso volume de dados e precisa tratá-lo. Não importa para onde você se vire, se nas ruas, nos serviços das empresas, nos sites ou aplicativo, todos estão solicitando algum tipo de dados ou os reúne silenciosamente em segundo plano. Mas, por que tudo isso?

Em resposta a esta questão, acreditamos que em um mundo ideal, seus dados não são usados para ganhos rápidos, mas serviriam a uma causa melhor, para a qual várias empresas já os usam, ou seja, para tomar as melhores decisões de negócios possíveis. Assim, uma visão ampla em detalhe de cada uma das análises de IA nos negócios contribuirá para entender o que precisa ser considerado antes de avançar para áreas mais complexas. Nosso ponto de partida será os conceitos, seguido de um roteiro das principais questões que cercam cada uma dessas análises de negócio.

Para um melhor aproveitamento da leitura a respeito dessas cinco análises, criamos duas formas de apresentação de conteúdo para facilitar a visualização e entendimento do assunto de cada uma delas.

Na primeira apresentação de conteúdo seremos guiados pelas principais questões que cercam essas análises, as questões de 1,2,3,4 e 6 apresentam uma visão geral sobre as análises, enquanto as questões 5, 5.1, 5.2 e 5.3 detalham um pouco mais sobre essas análises e os negócios. Na segunda apresentação, somos guiados por uma leitura prazerosa da fábula Onça e o Raposão. Esses personagens elevam pontos históricos em cada uma das análises, facilitando o entendimento delas.

Capítulo 5

Análise Descritiva de IA nos Negócios

Sendo um proprietário ou mesmo analista de uma organização, por não conhecer certas situações, você pode nem mesmo ter certeza do que está procurando, e se às vezes procura uma resposta para uma pergunta, nesse momento a análise descritiva entra em vigor, descreve e sintetiza as circunstâncias atuais da organização. Essa é a análise mais comum e amplamente usada para analisar os dados que chegam em tempo real, também denominado como a forma mais simples de análise. Vejamos.

5.1. O que é análise descritiva?

A análise descritiva é o primeiro estágio da análise de IA nos negócios, em que se descreve e sintetiza as principais características observadas das circunstâncias do que está acontecendo no momento em uma organização. Ela baseia-se em dados históricos e atuais para a construção de soluções modernas.

5.2. Como a análise descritiva funciona?

A análise descritiva é a forma mais simples de análise, e depende basicamente de um conjunto de técnicas básicas encontradas na estatística descritiva. Essas técnicas, quando introduzidas nas aplicações com uso de aprendizagem de máquina, ajudam a alcançar a inteligência artificial. Isso ocorre na maioria das aplicações, porque praticamente as demais soluções de análise normalmente são iniciadas com a análise descritiva.

5.3. Qual tecnologia entra na análise descritiva?

Análise descritiva foi desenvolvida para obter informações expositivas básicas: quem, o que, quando, onde e quantos? Seu objetivo é apenas resumir as descobertas e entender o que está acontecendo nos negócios, o fundo tecnológico empregado na inteligência de negócios aqui é basicamente o uso de estatísticas descritivas (operações aritméticas, média, mediana, máx, porcentagem etc.) nos dados existentes. Suas descobertas, em geral são apresentadas por meio de relatórios em planilhas com informações necessárias apenas sobre um assunto ou por meio de painéis de Key Performance Indicator (KPI), em português Indicadores-Chave de Desempenho. Essas informações nos dão apenas uma visão sobre se tudo está indo bem ou não nos negócios, mas não explica a causa raiz por trás disso. No entanto, a estatística descritiva nessa análise tem como base a tecnologia do aprendizado de máquina que, por sua vez, alcança a inteligência artificial. Por esse motivo, empresas altamente orientadas a dados combinam análise descritiva com outros tipos de análise de dados para encontrar uma solução mais completa.

5.4. Quais são os casos de uso de análise descritiva e exemplos do mundo real?

Por ser o primeiro estágio de análise de negócio simples, quase 100% dos casos usam a análise descritiva. Qualquer empresa que necessite apenas resumir as suas descobertas e entender o que está acontecendo em seus negócios, pode se beneficiar de alguma forma da análise descritiva. Essas empresas, normalmente fazem suas exposições de dados históricos e atuais básicos e nutrem outras análises para construção de soluções modernas. Esse é um bom começo para aquelas empresas que usam análises descritivas, especialmente as que estão apenas iniciando análises de vários dados produzidos internamente.

Alguns exemplos do mundo real são:

- Empresa faz pesquisa de mercado para observar os hábitos dos consumidores.
- Empresa que quer avaliar a atitude de sua equipe.
- Zona escolar que quer entender se os alunos terão acesso a aulas on-line, em vez de usar livros didáticos.

- Organização que quer entender se seus programas de bem-estar têm um impacto positivo na saúde geral dos funcionários.

No marketing de vendas, as análises descritivas podem ser usadas para categorizar os clientes de acordo com a preferência do produto e o estágio da vida. De forma mais ampla, na área comercial de negócio, normalmente as informações nesta instância podem incluir *feedback* do cliente, números de vendas, tráfego do site - essencialmente qualquer dado que seja um registro de eventos passados que possa ser usado para analisar negócios até o presente.

Na prática, ao dispor de um conjunto de dados de amostra extraído por meio de análises descritivas inclui os "20 principais representantes comerciais de atendimento ao cliente corporativo em termos de solicitações processadas para o mês de outubro/2019 no Brasil." Nessa análise, a empresa descobriu que gastava cerca de R$ 5 milhões por ano em diferentes programas de treinamento de vendas. O resultado da análise descritiva foi um mero resumo das despesas, mas, ainda assim, foi útil porque eles aprenderam dados importantes sobre seus gastos em treinamento de vendas

Outro exemplo prático está nas empresas de serviços públicos, já que para essas empresas a análise descritiva é a base dos programas de gerenciamento de vegetação, fornecendo a localização geoespacial da vegetação e como ela se relaciona com a infraestrutura próxima, ajudando-os a garantir que cumpram as regras do setor.

5.5. Como minha empresa pode usar análise descritiva?

As empresas podem medir as diferentes características da população e da amostra de seus dados. Usando recursos da aprendizagem de máquina, particularmente técnicas de estatística descritivas, elas podem resumir o conjunto de dados de maneira significativa para facilitar a análise e interpretação do conjunto de dados. Embora análises descritivas não forneçam nenhuma inferência sobre o conjunto de dados usando a teoria das probabilidades; em vez disso, ajuda na identificação do padrão e compreensão do comportamento do conjunto de dados por meio de medidas-resumo, gráficos e tabelas de distribuição de frequências.

Algumas maneiras comuns de resumir e descrever o conjunto de dados, pelas quais as organizações atualmente usam análise descritiva, incluem:

a. Medir tendências de dados: As tendências de dados podem ser medidas ao longo do tempo com uso da capacidade estatística descritiva. Por exemplo, se uma empresa de vestuário realiza pesquisas entre diferentes grupos demográficos, com faixas etárias de 24-35 e 36-45 anos.

b. Fazer comparações: Entender como diferentes grupos respondem a um determinado produto ou serviço é importante. Por exemplo, uma marca de sandálias cria uma pesquisa fazendo perguntas gerais que medem a imagem da marca. Além disso, eles fazem perguntas demográficas, como idade, renda, gênero, localização geográfica etc. Esses dados de consumo ajudam a organização a entender que aspectos da marca atraem a população e ajudam no desenvolvimento de soluções de produtos ou marketing.

Para exemplificar situações nas quais a solução de análise descritiva pode ser útil, considere o contexto da história da Onça e o Raposão na selva Amazônica e sua representação na figura 24.

Figura 24. A Onça e o Raposão / Fonte: kids.atenasyoga.com e topcoloringpages.net

O ano é 2020, cansada de tanto procurar sua presa na imensidão da selva Amazônica, a Onça resolveu tomar uma atitude que desse a ela uma melhor direção para sua caçada. Uma das suas primeiras ações foi fazer uma lista dos principais animais que poderiam ajudá-la nesse propósito. Feito isso, ela descobriu que Raposão é o animal mais indicado para essa tarefa por várias razões. Ela espalhou a notícia na selva de que precisava falar urgente com Raposão. Muitos animais, sem saberem do que realmente se tratava, acabavam por ventilar vários tipos de assunto. Passados alguns dias, Raposão foi encontrado e seguidamente meio desconfiado apresentou-se à Onça. Ela comentou com ele sobre a dificuldade de encontrar sua presa, e então o contratou para ajudá-la.

Após escutar atentamente, entender a demanda e circunstâncias do que está acontecendo no momento, Raposão solicitou e teve acesso a uma grande base de informação (depósito de dados dos últimos 12 meses), que consistia em dados sobre a selva Amazônica, suas criaturas, predadores e eventos acontecendo na selva. De posse dos dados, Raposão iniciou os trabalhos. Primeiro, extraiu informações históricas e atuais do depósito de dados por meio de ferramenta apropriada, em seguida as analisou. Dias depois, convocou uma reunião e apresentou à Onça um relatório resumindo suas descobertas. Nesse relatório, ele expôs onde encontrou sua presa nos últimos 6 meses. Essa primeira informação, embora expondo uma análise simples, foi suficiente e útil para ajudar a Onça a decidir onde iria caçar.

5.6 Qual é o seu objetivo para a análise descritiva?

Embora seja uma análise simples, para determinar o que você deseja fazer com a análise descritiva é essencial formular um quadro de questões para obter um bom resultado. Isso porque deve-se levantar dados onde o foco é na descrição do elemento analisado, ele foca as questões no "quê", e não no "porquê". De modo geral, as empresas têm como objetivo se familiarizarem com os conjuntos de dados de uma maneira que as ajudam a detectar padrões e começar a fazer perguntas mais difíceis sobre os dados.

Nesse sentido, é importante que as questões sejam bem preparadas para obtenção do resultado desejado. Alguns exemplos de questões são:

a. Qual é a porcentagem de participantes M, N e O?
b. Há quanto tempo os participantes M, N e O estão em um determinado grupo / categoria?
c. Qual é a média da variável N?
d. Quanto os participantes M concordam sobre um determinado tópico?

5.7 O que será necessário para atingir seu objetivo?

Em geral, as empresas estão sob constantes mudanças, logo a realidade exposta durante uma análise pode não ser a mesma depois de determinado espaço de tempo ou pode mudar drasticamente de resultado ao ser refeita em outro espaço geográfico ou grupo social. Assim, muitas organizações para atingir seu objetivo fazem e refazem sua análise descritiva continuamente, de modo a estar sempre atualizadas com as mudanças no problema que é o objeto central da análise.

Para ajudá-los a atingir o objetivo julgamos necessário que alguns passos sejam seguidos:

1. Crie uma equipe: você precisará das mesmas funções que teria em qualquer iniciativa de transformação.
2. Procure entender o que está acontecendo na sua organização e o que precisa ser considerado antes de avançar para o passo seguinte
3. Lance e compartilhe a iniciativa de análise descritiva
4. Colete e trate os dados
5. Analise os dados
6. Interprete os dados sem interferir neles.
7. Apresente os resultados da análise para extrair outros resultados.

5.8 Quais profissionais e habilidades uma empresa precisa para executar um programa de análise descritiva de sucesso?

Como já mencionado anteriormente, esta é uma análise simples, mas que necessita basicamente de pelo menos dois profissionais. O primeiro profissional diz respeito à pessoa que pode contribuir para definir o problema que você deseja resolver: Falo do Especialista no negócio, como profissionais de planejamento ou de análise financeira. Qualquer um dos dois é ideal para essa função. Em segundo, deve-se ter um profissional com habilidade em matemática, especificamente estatística descritiva, para coletar, compilar, analisar e interpretar os dados. Se você ainda não possui uma pessoa qualificada, considere encontrar esse profissional. Ao realizar a análise de dados apropriados e interpretação, esse profissional pode avaliar a intensidade e os efeitos dos riscos associados com a tomada de decisões de negócios certos. Essa análise pode resultar também em propostas de mudanças ou movimentos que irão beneficiar a organização de várias maneiras.

5.9. Quais ferramentas de análise descritiva estão disponíveis?

Parte desse processo total de introdução à solução de análise de inteligência artificial nos negócios será também descobrir que tipo de software pode-se usar para resumir de maneira significativa para facilitar a análise e interpretação do conjunto de dados das análises descritivas. MS Excel, Salesforce, Sisense, Orage, WEKA, KNIME, Dundas BI, Qlik Sense, MATLAB, SPSS, STATA ,RStudio, Phyton, Birst, Tableau, Tibco Spotfire e SAS são apenas algumas ferramentas usadas neste estágio de análise.

Capítulo 6

Análise Diagnóstica de IA nos Negócios

Sendo um proprietário ou mesmo analista de uma empresa, por não conhecer por que, quando e como de certas situações, às vezes você procura uma resposta para uma pergunta - O que aconteceu na minha organização? É aqui que é executada a análise diagnóstica, sua parte é ajudar os analistas ou cientistas de dados a entender e detalhar os dados para encontrar a resposta, para o porquê de isso estar acontecendo nos seus negócios. Em outras palavras, explicar a frequência de ocorrências de determinado evento incerto, de forma a estimar ou prever a ocorrência de eventos futuros, ou seja, a análise de diagnóstico analisa mais detalhadamente os dados para entender as causas principais dos eventos. Para facilitar nossa compreensão, seremos guiados pelas principais questões que cercam a análise de diagnóstico.

6.1. O que é análise diagnóstica?

Essa análise é o segundo estágio da análise de negócios, pois permite entender e detalhar o porquê, quando e como circunstâncias aconteceram na organização. Baseada em dados históricos e atuais, ela usa principalmente estatística probabilística, e distribuição de resultados para a análise.

6.2. Como a análise diagnóstica funciona?

Por ser uma análise avançada, além da estatística descritiva, a análise diagnóstica usa também a estatística aplicada. Ela também tem como base a tecnologia do aprendizado de máquina que, por sua vez, alcança a inteligência artificial. O uso de ferramentas estatísticas aplicadas, a exemplo da regressão linear múltipla ajuda a correlacionar, analisar e interpretar os dados em análise. À medida que dados novos ou adicionais ficam disponíveis, podem ser introduzidos na ferramenta para que sejam feitos os devidos ajustes de análise, quando necessário para mensurar os resultados.

6.3. Qual tecnologia entra na análise diagnóstica?

Análise diagnóstica foi desenvolvida com o objetivo de saber e entender as causas principais por trás do que aconteceu nos negócios. Para garantir que isso ocorra, o fundo tecnológico empregado na inteligência de negócios aqui é feito basicamente com o uso das informações encontradas nas análises das estatísticas descritivas, seguida uma regressão linear múltipla (tipo de análise estatística) nos dados existentes para encontrar e detalhar o porquê das causas. Na análise diagnóstica, as descobertas em geral são apresentadas por meio de tabelas ou gráficos com informações precisas sobre o evento. Essas informações nos dão uma visão sobre o que aconteceu na empresa e a causa raiz por trás disso. Com mais funções, a estatística aplicada nessa análise tem como base a tecnologia do aprendizado de máquina que, por sua vez, alcança a inteligência artificial.

6.4. Quais são os casos de uso de análise diagnóstica e exemplos do mundo real?

Organizações que utilizam a análise de diagnóstico focam no motivo pelo qual algo aconteceu. Embora muitas dessas organizações utilizem esse tipo de análise para fornecer uma visão mais profunda de um problema específico e até mesmo criar mais conexões entre dados e identificar padrões de comportamento. Em geral, as organizações usam esta análise para determinar quais fatores e eventos contribuíram para o resultado, e seus respectivos impactos e alcances.

Alguns exemplos do mundo real são:

Na área da saúde, um hospital privado, localizado na região nordeste do Brasil, procura explicação para o aumento repentino de volume no pronto-socorro. O analista do hospital começa a explorar os dados dos pacientes e faz correlações para determinar os principais sintomas dos pacientes - febre alta, tosse seca e fadiga. Após análise, ele observa que existe um agente infeccioso que está contribuindo para esse volume de pacientes.

- Na área comercial, a receita federal iniciou a liberação do imposto de renda. Atenta ao mercado, uma revendedora de automóveis procura entender o motivo por que as vendas diminuíram, já que o marketing da mesma foi intensificado, há uma circulação de dinheiro por conta da liberação do imposto de renda e uma concessionária concorrente fechou.
- Na área de logística, uma empresa de frete que investiga a causa de remessas lentas em uma determinada região.
- Na área de tecnologia, uma empresa de SaaS se aprofundando para determinar quais atividades de marketing aumentaram os testes.

6.5. Como minha empresa pode usar análise diagnóstica?

As empresas podem usar a análise de diagnóstico para entender melhor seus dados e responder rapidamente às perguntas críticas da força de trabalho, considerando algo que aconteceu na empresa. Isso pode ser feito usando recursos da aprendizagem de máquina, particularmente técnicas de estatística descritiva que resumem o conjunto de dados de maneira significativa para facilitar a análise e interpretação do conjunto de dados e regressão linear múltipla para entender e detalhar o porquê, quando e como circunstâncias aconteceram na organização. Essa análise além de mapear, pode também ser usada para inferir no sucesso ou fracasso de qualquer iniciativa baseada em dados.

Um exemplo prático de inferência é quando se faz uma comparação e se obtém o resultado mais bem avaliado. Por exemplo, uma empresa de RH pode encontrar o candidato certo para preencher uma posição, selecionar funcionários de alto potencial para sucessão e comparar rapidamente métricas de sucessão e análises de desempenho entre funcionários selecionados para revelar insights significativos sobre pools de talentos. Os filtros também

permitem um instantâneo dos funcionários em várias categorias, como localização, divisão, desempenho e posição atual.
Lembra-se da fábula que se passa na selva amazônica? Pois bem, Raposão valeu-se da categoria posição atual. Vejamos como se deu o encontro entre os dois no uso da análise diagnóstica. Esse momento também pode ser visto na Figura 25.

Figura 25. A Onça e o Raposão no uso da análise diagnóstica / Fonte: supercoloring.com e pinterest.com

Embora a Onça tivesse informações que ajudasse a decidir onde iria caçar, ela se deparou com outro problema, que estava dificultando sua caçada. Assim, diante de um novo fato, Raposão foi novamente chamado por ela para que ele a ajudasse a entender e detalhar o que vem ocorrendo com "número de queimadas" na selva Amazônica no ano 2020.

Por ser uma tarefa aparentemente complexa, e receoso em cometer erros, pois sabe ele, que um erro poderia custar sua vida, Raposão, para aumentar a precisão de seus relatórios de dados, estrategicamente montou uma equipe, solicitou e teve acesso a duas fontes de informações.

A primeira fonte consta dos dados do monitoramento por satélite do estado da floresta nos últimos quatro meses (de junho a setembro de 2020). No segundo, ele realizou um estudo de campo nas principais comunidades onde houve os maiores incidentes de queimada.

Informações extraídas do satélite e do estudo junto às comunidades foram correlacionadas, analisadas e interpretadas com uso de ferramentas estatísticas a exemplo da regressão linear múltipla, que foi determinante para encontrar quais fatores e eventos contribuíram para o resultado das queimadas.

Dias depois de concluir a análise de diagnóstico, Raposão apresentou à Onça um relatório infográfico com um resumo de suas descobertas. Nesse relatório ele expôs os principais fatores que contribuíram para a queimada na Amazônia nos últimos meses, elas foram suficientes e úteis para a Onça entender o impacto das queimadas para a vida na selva e fora dela, e ajudá-la a tomar novas decisões a fim de garantir que possa continuar caçando e vivendo no futuro.

6.6 Qual é o seu objetivo para a análise diagnóstica?

Determinar o que você deseja fazer com a análise diagnóstica facilita a exploração e correlação dos dados na obtenção de um bom resultado para sua pergunta. Assim, devem-se levantar dados onde o foco seja no detalhamento do problema a ser analisado, ou seja, o foco deve ser: por quê? Como e quando algo aconteceu o evento? De modo geral, as empresas têm como objetivo obter uma visão mais profunda de um problema específico e determinar quais fatores e eventos contribuíram para o resultado desse problema.

Nesse sentido, é importante que as questões sejam bem preparadas para obtenção do resultado desejado. Alguns exemplos de questões são:

a. Por que isso aconteceu ao longo do período x?
b. Como isso aconteceu?
c. Quando isso aconteceu?

6.7 O que será necessário para atingir seu objetivo?

Identificar a causa raiz principal de um determinado problema pode ser complexo e demorado. Esse processo normalmente demanda uma análise minuciosa que consome recursos de tempo e energia dos envolvidos. Assim, é importante ter um forte entendimento de todas as dimensões que envolvem o problema, a fim de evitar desperdícios de tempo e energia. Além disso, ter uma compreensão das capacidades existentes dos participantes é relevante para o bom andamento e alcance nos resultados dos trabalhos. Embora as organizações utilizem metodologias nas suas iniciativas, essas normalmente são baseadas em dados para atingir seus objetivos, faz-se necessário dissecar ao máximo o conjunto de dados para responder à pergunta-chave do problema.

A fim de ajudá-lo a atingir o objetivo julgo necessário que alguns passos sejam seguidos:

1. Crie uma equipe: você precisará das mesmas funções que teria em qualquer iniciativa de transformação digital;
2. Procure mapear e entender por que isso aconteceu na organização e o que precisa ser considerado antes de avançar para o passo seguinte;
3. Lance e compartilhe a iniciativa de análise diagnostica ;
4. Colete, resuma e analise os dados;
5. Interprete os dados e suas interferências;
6. Apresente os resultados da análise.

6.8 Quais profissionais e habilidades uma empresa precisa para executar um programa de análise diagnóstica de sucesso?

Há muito, a saber, nos problemas que exigem uma análise diagnóstica. Normalmente, esse tipo de análise é complexo e demorado. Assim, é importante considerar as capacidades existentes dos participantes, visto que se trata de uma análise minuciosa que consome recursos. Embora isso seja normalmente definido com base na complexidade do problema, acreditamos que inicialmente fazem-se necessários dois profissionais.

O primeiro deles, diz respeito à pessoa que pode contribuir para entender o que aconteceu na empresa: Falamos de Especialista no assunto em questão, como profissional interno ou um consultor externo. Qualquer um dos dois é ideal para essa função, caso possa juntá-los, melhor ainda. Segundo, deve-se ter um profissional com habilidade em matemática avançada para entender além de estatística descritiva, algumas fórmulas probabilísticas / estatísticas, funções e lógica. Se você ainda não possui uma pessoa qualificada, considere encontrar esse profissional. Ao realizar a análise de dados apropriados e interpretações, esse profissional pode avaliar a intensidade e os efeitos dos riscos associados com a tomada de decisões de negócios certos. Essa análise pode resultar também em propostas de mudanças ou movimentos que irão beneficiar a organização de várias maneiras.

6.9. Quais ferramentas de análise diagnóstica estão disponíveis?

Parte desse processo total de introdução à solução de análise de inteligência artificial nos negócios será também descobrir que tipo de software pode-se usar para determinar quais fatores e eventos contribuíram para o resultado, e seus respectivos impactos e alcance nas análises do diagnóstico. SAS, SPSS, STATA, KNIME, Python, RStudio, Salesforce, Sisense, Orage, WEKA, KNIME, Dundas BI, Qlik Sense, e Spotfire são apenas algumas ferramentas usadas neste estágio de análise.

Capítulo 7

Análise Preditiva de IA nos Negócios

Sendo um proprietário ou mesmo analista de uma empresa, por desconhecer alguns riscos e oportunidades nos negócios, você procura encontrar respostas para a pergunta: o que provavelmente acontecerá no futuro com base nas tendências e padrões anteriores? É bem aí que a análise preditiva, com base nos dados que foram obtidos e tratados pelas análises descritivas e de diagnóstico, entra em vigor ao fornecer recomendações e respondendo a perguntas relacionadas ao que pode acontecer no futuro de forma precisa. Como qualquer previsão, esta não é 100% porque tudo depende da qualidade dos dados, de como são feitas as suposições sobre os valores ausentes e da otimização.

Análise preditiva é mais comum em cenários de negócios complexos, e para tanto é necessário usar técnicas estatísticas avançadas e aprendizagem de máquina para avaliar comportamentos e determinar se um resultado é viável. Para facilitar o entendimento a respeito desta análise, descrevemos um guia com as principais questões que a cercam.

7.1. O que é análise preditiva?

Análise preditiva é o terceiro estágio da análise de negócios que, por sua natureza probabilística, e com base em dados históricos, ajuda a identificar tendências nos relacionamentos entre variáveis, determinar a força de sua correlação e a hipótese de causalidade. Em outras palavras, fornece uma estimativa de um possível resultado futuro.

7.2. Como a análise preditiva funciona?

A análise preditiva é uma forma de análise avançada que examina dados ou conteúdo para responder à pergunta do que provavelmente acontecerá.

Técnicas como análise de regressão, estatística multivariada e modelagem preditiva permitem analisar dados históricos e atuais para prever eventos futuros ou resultados acionáveis. Essas técnicas, quando utilizadas em conjunto com aprendizagem de máquina, alcançam inteligência artificial. O aprendizado de máquina torna possível processar a enorme quantidade de dados disponíveis hoje. À medida que dados novos ou adicionais ficam disponíveis, os programas de computador se ajustam automaticamente para usá-los, em um processo muito mais rápido e abrangente do que os recursos humanos poderiam gerenciar.

7.3. Qual tecnologia entra na análise preditiva?

Essa talvez seja uma das soluções de análise de Inteligência Artificial nos negócios de maior complexidade, tendo em vista sua capacidade de fornecer recomendações e responder a perguntas relacionadas ao que pode mudar e por que, no futuro. Para garantir que isso ocorra e resolva o que pode acontecer em situações futuras previstas, o fundo tecnológico empregado na inteligência de negócios aqui é feito basicamente com o uso das informações encontradas nas análises das estatísticas descritiva e diagnóstica, seguida de análise de modelagem preditiva e aplicação de algoritmos de aprendizado de máquina que, por sua vez, alcançam a inteligência artificial.

7.4. Quais são os casos de uso de análise preditiva e exemplos do mundo real?

Normalmente, empresas que utilizam a análise preditiva estão sempre diante do desafio de se antecipar ao que pode mudar e o porquê. Elas procuram encontrar respostas para a pergunta sobre o que provavelmente acontecerá no futuro com base nas tendências e padrões anteriores, considerando um determinado conjunto de condições para melhorar suas tomadas de decisão. Embora as empresas utilizem esse tipo de análise para prever um resultado mais provável, em geral, elas usam esta análise para prever potenciais riscos e oportunidades a um conjunto específico de condições e convertem dados em informações valiosas ou em informações acionáveis para ajudar na tomada de decisões nos negócios.

Alguns exemplos do mundo real são:

Na área da educação, nas modalidades de ensino presencial ou à distância, muitas instituições de ensino nos Estados Unidos vêm utilizando análise preditiva de Inteligência Artificial (IA) para melhorar seus processos de captação de alunos. Além de captar alunos, essas instituições vêm usando a IA para prever a evasão, potencializar intervenções estratégicas que incentivam o estudante entrar no ciclo do aprendizado à longa vida, automatizar insights, obter valor para instituição e aumentar a retenção de alunos.

Análise preditiva de IA tem influenciado os resultados da prestação de serviços da área de saúde, tanto da perspectiva operacional quanto clínica. Do ponto de vista operacional, as aplicações têm se voltado ao gerenciamento de capacidade de hospitais para desospitalização, utilização de ativos, baixos tempos de espera para pacientes e número de vagas disponíveis para pacientes, que são realidades em vários cantos do mundo.

Na perspectiva clínica, são vários os esforços com uso de análise preditiva, e aqui destacamos três exemplos. O primeiro, prevê o aumento no número de pacientes admitidos no pronto-socorro nas próximas semanas com base nos padrões dos dados e na doença que está se espalhando rapidamente na região. O segundo prevê se uma pessoa é suscetível a um ataque cardíaco ou não com uma variedade de dados variáveis, como idade, tratamento passado ou histórico de doenças, IMC e colesterol. Terceiro, hospitais vêm utilizando aplicativos de diagnóstico como base em leitura de imagens ou relatórios de patologia para estimar a idade fisiológica de uma pessoa e fazer um acompanhamento mais preciso da saúde do paciente.

Na área de logística para exemplificar as aplicações, destacamos dois segmentos importantes. O primeiro está na área ferroviária, pois muitas empresas brasileiras e estrangeiras vêm utilizando os recursos de análise preditiva de

IA para captura de imagens de ligações ou conexões ferroviárias para avaliar a saúde das ligações com base na deterioração, irregularidades de forma ou outros problemas. Isso tem ajudado as empresas da área a prever eventos e diminuir os descarrilamentos; detecta eventuais invasores, diferencia entre os tipos de violadores (carro, motocicleta, caminhão etc.).

No segundo, cita-se área portuária. Não muito diferente da área ferroviária, visto que as empresas brasileiras e estrangeiras portuárias normalmente estão buscando melhorar suas operações por conta, geralmente, de limitação da capacidade dos portos de escalar a atracação e do espaço do pátio. Embora boa parte das empresas tenha automatizado algumas áreas, isso parece não ter sido suficiente. Assim, algumas dessas empresas estão recorrendo aos recursos de análise preditiva de IA para impulsar suas análises e aprimorar decisões em um contexto operacional em tempo real. Um exemplo prático e bem brasileiro dessa operação está no complexo de um porto em Pernambuco que está utilizando algoritmos de Inteligência Artificial para análise e cruzamentos de grandes volumes de dados para melhorar a gestão e particularmente reduzir retrabalho e também aumentar a confiança nos dados que serão usados.

Na área comercial, após várias análises, a Amazon obteve recomendações para investir também nas lojas físicas. Isso porque a empresa prevê que suas lojas físicas serão uma maneira importante de apresentar ao público, novos dispositivos. Essa recomendação tem lógica, pois embora exista uma boa parte de clientes experientes que se sintam à vontade para fazer suas compras on-line, ainda há uma parcela considerável da população que necessita ver primeiro de perto, tocar os livros e dispositivos, o que significa, por exemplo, que os livros, provavelmente, não são o foco principal dos dados demográficos e exclusivos da Amazon.

Na área da segurança pública, o feminicídio, dizem especialistas, que é previsível - e há como evitá-lo. Assim, IA pode reconhecer e classificar comportamentos e padrões em dados brutos que resultam em algoritmos capazes de prever eventos, oferecer recomendações, e melhorar os processos de decisão.

Na área de governo, os serviços públicos em alguns estados, dos Estados Unidos, principalmente na área de segurança pública, já vêm incorporando análise preditiva de inteligência artificial como apoio para ajudar nas tomadas de decisões. Um exemplo prático dessa análise com IA consiste na classificação de comportamentos, padrões e reconhecer, em dados brutos que resultam em algoritmos capazes de prever o risco da reincidência de crimes por aqueles já condenados por homicídio.

Segundo o site pernambucomun.com.br, a Comissão sobre a Prevenção ao Crime e Justiça Criminal (CPCJC), criada em 1992 pelo Conselho Econômico e Social das Nações Unidas (ECOSOC), é o principal órgão das Nações Unidas no trato de formulações de políticas e recomendações sobre justiça criminal e prevenção de crimes em geral. Assim, tem como intuito melhorar a ação internacional para o combate do crime nacional e transnacional, promover pesquisas e desenvolvimento de políticas práticas no campo da justiça criminal e buscar a eficiência e imparcialidade dos sistemas de administração penal.

7.5. Como minha empresa pode usar análise preditiva?

É o tipo de análise que permite as empresas explorarem o padrão nos dados históricos para prever os riscos e as oportunidades, obter informações suficientes para tomada de decisão e otimização nos negócios. No entanto, vale ressaltar que, esse tipo é extremamente valioso para as camadas superiores das organizações, por ser uma análise com uma visão mais voltada para o que pode acontecer no futuro.

Assim, essas empresas podem usar a análise preditiva para examinar tendências ao longo do tempo e quantificar fatores de risco desconhecidos dos quais elas desconheciam anteriormente. Na prática, algumas empresas da área comercial, por exemplo, costumam utilizar análise preditiva para analisar os gastos dos clientes e outros comportamentos, resultando em vendas cruzadas eficientes ou na venda de produtos adicionais aos clientes atuais. Isso leva diretamente a uma maior lucratividade por cliente e a um relacionamento mais forte com o cliente. Nas empresas públicas, elas podem priorizar potenciais riscos e até mesmo oportunidades de melhoria para o cliente ou usuário final através de redução de despesas operacionais e ajustes nas inspeções baseadas em ciclo, nas áreas específicas.

Isso pode ser feito, usando recursos da aprendizagem de máquina, particularmente técnicas de estatística descritiva e avançada, bem como regressão logística e/ou outros algoritmos para encontrar respostas para a pergunta sobre o que provavelmente acontecerá no futuro com base nas tendências e padrões anteriores.

Você se lembra que na fábula sobre a narrativa de queimadas na selva amazônica, Raposão teve de recorrer a recursos tecnológicos que pudessem diagnosticar os eventos. Esse momento é mostrado pela Figura 26.

Figura 26. A Onça e o Raposão na busca de novos recursos / Fonte: supercoloring.com

Embora muito satisfeita com o último relatório apresentado por Raposão, a Onça resolveu dar um passo à frente e requisitou novos serviços. Nesta nova solicitação, ela demanda um estudo prevendo os riscos de futuras queimadas na Amazônia para o ano de 2021, em especial nas áreas onde há registro da rota de sua presa e seus impactos para melhorar sua eficiência operacional quando estiver caçando.

Raposão ouviu atentamente todas as demandas feitas durante uma reunião, ao final, ele pontua que mesmo dispondo de recursos tecnológicos, identificar a causa raiz das queimadas na floresta Amazônica e responder às perguntas relacionadas ao que pode acontecer no futuro de forma precisa, pode ser complexo e demorado. Ele observa ainda que o uso sem limite de informações da fonte de dados do satélite é relevante para o bom resultado do trabalho, visto que na operação passada ouve restrições.

Desse modo, uma das primeiras providências de Raposão foi reunir e discutir estratégias com sua equipe de trabalho sobre o uso de recursos tecnológicos, cronograma, entre outros.

Equipe em campo, muitas movimentações e bastante trabalho marcam esse primeiro passo de extração dos dados do satélite e do estudo junto às comunidades. Esses dados foram resumidos, correlacionados, analisados e interpretados com uso de ferramentas estatísticas e algoritmos de aprendizagem de máquina, os quais foram determinantes para examinar tendências ao longo do tempo, quantificar fatores de risco, oportunidades e as probabilidades.

Alguns dias depois de concluir a análise preditiva, raposão e sua equipe convocaram uma reunião e apresentaram à Onça dois relatórios. O primeiro relatório é infográfico e consta de gráficos que resumem as descobertas e previsibilidades de ocorrência de novos eventos na Amazônia. No segundo relatório, são expostos em detalhes todos os fatores significativos que contribuem fortemente para o evento, suas respectivas probabilidades de novas ocorrências e efeitos danosos para a selva Amazônia em 2021, caso o evento ocorra.

Num silêncio e atenta às informações apresentadas, a Onça deixa escapar seu olhar de preocupação e, logo em seguida, ao término da apresentação, dá um rugido em bom tom, mostrando sua raiva com essa situação, que causa espanto em todos ali presentes. Passado o momento tenso, ela agradece ao Raposão e sua equipe e, em seguida destaca as informações valiosas que ajudam a melhorar as tomadas de decisões para prever potenciais riscos e potencializar intervenções estratégias que incentivam a proteção, o desenvolvimento e conservação da floresta Amazônica.

7.6 Qual é o seu objetivo para a análise preditiva?

Contextualizando, para você determinar o que deseja alcançar com análise preditiva é um bom ponto de partida, pois facilita o emprego de recursos tecnológicos e a criação de estratégias de suporte. Assim como na análise diagnóstica, essa determinação na análise preditiva também ajuda a evitar desperdícios de tempo e energia. De maneira geral, as empresas usam análise preditiva com o objetivo de explorar o padrão dos dados históricos para prever os riscos e oportunidades de negócios, obter informações suficientes para tomada de decisão, para otimização nos negócios, e para avaliar comportamentos e determinar se um resultado é viável.

Por sua natureza, a análise preditiva tem suas raízes na capacidade de "prever", ou seja, ela é probabilística, porque nos diz qual é a probabilidade de algum tipo de evento que está sendo analisado acontecer no futuro. Então, diante disso, todos os esforços da questão devem ser alinhados para esse foco.

7.7 O que será necessário para atingir seu objetivo?

Embora a análise preditiva seja dependente de algoritmos avançados de aprendizado de máquina para fornecer modelos precisos de previsão de riscos e oportunidades com base nos dados históricos para se atingir o objetivo, é indispensável que esses dados sejam coletados em quantidade suficiente para os treinos e testes para análise preditiva. Em caso contrário, pode haver perda de precisão na análise.

Assim como na análise diagnóstica, a análise preditiva normalmente demanda de uma análise minuciosa que consome recursos de tempo e energia de todos envolvidos na definição da questão principal da análise ao monitoramento. Nesse sentido é importante ter um forte entendimento de todos os passos que envolvem a análise, a fim de evitar desperdícios de tempo e energia.

Vale ressaltar que é extremamente importante ter uma compreensão das capacidades existentes dos participantes, pois são relevantes para o bom andamento e alcance nos resultados dos trabalhos a serem desenvolvidos.

Para atingir o objetivo julgo necessário que alguns passos sejam seguidos:

1. Crie uma equipe: você precisará das mesmas funções que teria em qualquer iniciativa de transformação digital;
2. Procure definir bem o projeto e o que precisa ser considerado antes de avançar para o passo seguinte;
3. Colete, trate e analise os dados;
4. Treine e teste o modelo de análise preditiva;
5. Implante, avalie e faça os ajustes;
6. Monitore.

7.8 Quais profissionais e habilidades uma empresa precisa para executar um programa de análise preditiva de sucesso?

Empresas em todo mundo vêm se deparando com vários desafios todos os dias nos negócios, entre eles o de prever o que pode acontecer com os seus negócios nos próximos meses ou ano. Não é tarefa fácil fazer previsões precisas do futuro para se antecipar ao que pode mudar.

Normalmente, esse tipo de análise é muito complexa e demorada. Uma tarefa dessa envergadura, digo análise preditiva, é relevante considerar as capacidades e habilidades existentes dos participantes, visto que se trata de uma análise minuciosa que consome recursos tecnológicos e cognitivos. Embora isso seja normalmente definido com base no grau de complexidade do problema, acreditamos que inicialmente são necessários três profissionais.

Primeiro, deve ser um profissional que pode contribuir para a construção de uma definição do que pode vir a acontecer no futuro da empresa: falo de Especialista no assunto em questão, como profissionais internos ou um consultor externo. Qualquer um dos dois é ideal para essa função, caso possa juntá-los, melhor ainda. Segundo, deve-se ter um profissional com habilidade em matemática avançada que entenda além de estatística descritiva, algumas fórmulas probabilísticas / estatísticas, funções e lógica, em outras palavras, falo de um cientista de dados. O terceiro profissional diz respeito a um especialista em aprendizado de máquina para, em conjunto com o cientista de dados construírem o modelo de análise preditiva de precisão. Caso ainda não possua esses profissionais treinados em programa de análise preditiva, considere encontrá-los para um bom andamento dos resultados.

7.9. Quais ferramentas de análise preditiva estão disponíveis?

Parte desse processo de análise preditiva de Inteligência Artificial nos negócios inclui a construção e validação de modelos que fornecem previsões precisas. A análise preditiva depende de algoritmos de aprendizado de máquina, como: árvore de decisão, análises discriminantes, máquina de vetor de suporte, redes neurais, etc. Assim, descobrir quais ferramentas podem ser usadas para esse tipo de análise é também um grande passo. As ferramentas mais populares para análise preditiva incluem Python, RStudio, KNIME,WEKA, Sisense, RapidMiner, ClearStory Data, etc.

Em sua maioria os aplicativos de negócios desenvolvidos com essas ferramentas para análise preditiva incluem:

- Avaliação e previsão de risco e oportunidades;
- Uso da segmentação de clientes para determinar quais *leads* têm mais chances de converter;
- Análise preditiva em equipes de sucesso de clientes.

Capítulo 8

Análise Prescritiva de IA nos Negócios

Análise prescritiva é um campo ainda relativamente novo, que permite aos profissionais da área de ciência de dados "prescrever" várias ações possíveis que as orientem em direção a uma solução. No geral, essa análise tenta quantificar o efeito de decisões futuras para aconselhar sobre possíveis resultados antes que as decisões sejam realmente tomadas. Em outras palavras, podemos dizer que essas análises têm a ver com fornecer conselhos.

Normalmente quando você obtém as descobertas das análises descritivas, diagnósticas e preditivas de Inteligência Artificial nos negócios, como o que aconteceu, a causa raiz por trás disso e o que pode acontecer no futuro, em geral, a análise prescritiva utiliza essas respostas para sugerir os resultados favoráveis de acordo com um curso de ação especificado e ajuda a determinar qual o melhor curso de ação para chegar a um resultado específico. Em outras palavras, podemos dizer que a análise prescritiva pode simular a possibilidade de vários resultados e mostrar a probabilidade de cada um, ajudando as organizações a entender melhor o nível de risco e incerteza que enfrentam do que poderiam depender das médias.

Na melhor das hipóteses, a análise prescritiva prevê não somente o que acontecerá nos negócios, mas também porque isso acontecerá fornecendo recomendações sobre ações que tirarão proveito das previsões elencadas. A base dessas recomendações na análise está na utilização de um forte sistema de feedback que aprende e atualiza constantemente a relação entre a ação e o resultado. Devido ao seu poder de sugerir soluções favoráveis, a análise prescritiva é a fronteira final da análise avançada ou da ciência de dados, nos termos atuais. Para facilitar o entendimento a respeito desta análise, descrevemos um roteiro com as principais questões que a cercam.

8.1. O que é análise prescritiva?

Análise prescritiva é um tipo de análise de dados relativamente complexa de administrar, que fatora informações sobre possíveis situações ou cenários, recursos disponíveis, desempenho passado e atual, além de prever múltiplos futuros. Baseia-se em previsões sobre o futuro e em descrições do presente para determinar o melhor curso de ação possível. Em outras palavras, ela permite que as empresas avaliem uma série de possíveis resultados e ao mesmo tempo sugere um curso de ação ou estratégia antes que as decisões sejam realmente tomadas.

8.2. Como a análise prescritiva funciona?

A análise prescritiva depende de técnicas de Inteligência Artificial, como aprendizado de máquina - a capacidade de um programa de computador, sem a necessidade de mais informações humanas, para entender e avançar a partir dos dados que adquire, adaptando-se o tempo todo. O aprendizado de máquina torna possível processar a enorme quantidade de dados disponíveis hoje. À medida que dados novos ou adicionais ficam disponíveis, os programas de computador se ajustam automaticamente para usá-los, em um processo muito mais rápido e abrangente do que os recursos humanos poderiam gerenciar.

8.3. Qual tecnologia entra na análise prescritiva?

A análise prescritiva depende de uma combinação tecnológica de ferramentas e técnicas de Inteligência Artificial, como regras de negócios, algoritmos, aprendizado de máquina e procedimentos de modelagem computacional. Esse é o tipo de análise com forte poder de base tecnológica na aprendizagem de máquina, pois explora, entende e avança a partir dos dados que adquire, adaptando-se o tempo todo. À medida que dados novos ou adicionais ficam disponíveis para análise, os programas treinados de computador se ajustam automaticamente para usá-los, em um processo muito mais rápido e abrangente do que os recursos humanos poderiam gerenciar. Isso permite que essa análise possa ser usada para tomar decisões em qualquer horizonte temporal, de imediato a longo prazo.

De acordo com a definição de análise prescritiva do Gartner, sobre tecnologias, a empresa menciona várias ferramentas diferentes que podem ajudar a tornar a análise prescritiva, incluindo:

- **Análise de grafos; simulação;**
- **Processamento de eventos complexos**, que envolve a combinação de dados de várias fontes para inferir padrões e modelar circunstâncias complexas;
- **Redes neurais** ou combinações de vários algoritmos de aprendizado de máquina projetados para processar dados complexos;
- **Mecanismos de recomendação**, que são algoritmos de computador projetados para prever preferências positivas ou negativas com base no que os usuários escolheram no passado;
- **Heurísticas** ou métodos alternativos de solução de problemas que podem aproximar uma resposta ao encontrar uma definitiva falham; e
- **Aprendizado de máquina**.

8.4. Quais são os casos de uso de análise prescritiva e exemplos do mundo real?

Por ser relativamente complexa, análise prescritiva, é pouco usada pelas empresas. Essa análise, quando implementada corretamente e usada de maneira eficaz, pode ter um efeito significativo sobre como as empresas tomam decisões sobre seus resultados. Em geral, as empresas utilizam análise prescritiva para otimizar as operações e priorizar ações do futuro previsto.

Algumas organizações dos setores de governo, saúde e transporte, onde o custo do erro humano é alto vêm se beneficiando da análise prescritiva.

Na área de governo, a análise prescritiva pode ser usada, por exemplo, para avaliar se o corpo de bombeiros local deve exigir que os residentes próximos a áreas evacuem uma área específica, quando um incêndio estiver queimando nas proximidades.

Análise prescritiva, na área da saúde, pode ser usada por hospitais e clínicas para melhorar os resultados dos pacientes, particularmente para analisar quais pacientes hospitalizados têm o maior risco de reinternação, para que os profissionais de saúde possam fazer mais, usando a conscientização do paciente e acompanhamento médico para evitar retornos constantes ao hospital ou à sala de emergência.

Análise prescritiva na área de transporte aéreo. Suponhamos que você seja o presidente de uma grande companhia de transporte aéreo e deseje maximizar os lucros da sua empresa. A análise prescritiva pode ajudá-lo a fazer isso, ajustando automaticamente o preço e a disponibilidade dos bilhetes com base em um conjunto de fatores significativos, incluindo demanda dos clientes, clima e preços do combustível. Assim, que o algoritmo identificar que as vendas de ingressos para festividade natalina desde 2019 de São Luis-MA para Rio de Janeiro-RJ estão atrasadas em relação a 2018, por exemplo, ele pode baixar automaticamente os preços, ao mesmo tempo em que evita que os preços caiam muito à luz dos preços mais altos do combustível.

Um outro exemplo prático vem sendo usado pelas empresas prestadoras de serviços carona. Por exemplo, enquanto solicita a uma das empresas carona, ou os chamados, táxi on-line. Assim, ao mesmo tempo que, o solicitante se conecta com a empresa, o aplicativo usa o GPS para fazer uma varredura nas proximidades e conecta-se com o motorista mais próximo dentre os vários condutores encontrados nas proximidades. Usando mecanismos de recomendação por meio das análises prescritivas, o aplicativo faz uma otimização da distância para um tempo de chegada mais rápido entre o solicitante e o condutor do táxi.

8.5. Como minha empresa pode usar análise prescritiva?

Lançar uma iniciativa de análise prescritiva na sua empresa pode ser um grande desafio, especialmente se sua organização não fez muito com a análise de negócios até o presente momento. No entanto, se sua empresa possui muitos dados que podem ser usados para criar modelos prescritivos, você tem um bom ponto de partida.

Esse tipo de análise permite que as empresas transformem dados descritivos e de diagnóstico em *insights* críticos para melhorar os negócios. O segredo desta análise está na prescrição certa de ações combinadas e possíveis por profissionais para o aconselhamento de líderes sobre prováveis resultados e o que eles devem fazer para maximizar suas principais métricas de negócios. Por ter um foco na ação ou estratégia para otimização de processos, estruturas e sistemas antes que as decisões sejam realmente tomadas, a análise prescritiva vem sendo usada por empresas para ajudar na otimização das operações, na priorização dos gastos, observando modelos baseados em condições ou em riscos, para quantificar o efeito de decisões futuras para aconselhar sobre possíveis resultados, realização de auditorias e na construção de orçamentos com maior precisão para o futuro.

Assim como nos demais estágios de solução de IA para os negócios, e esse estágio também utiliza recursos da aprendizagem de máquina, particularmente técnicas de estatística descritiva e avançada, bem como algoritmos de aprendizagem de máquina para encontrar respostas para a pergunta sobre o que provavelmente acontecerá no futuro com base nas tendências e padrões anteriores.

E o que poderá acontecer futuramente na selva amazônica está, digamos, tirando o sono da Onça. Pois seu faro, diante dos eventos passados lhe diz que o horizonte pode ser cinzento. Esse momento é mostrado na Figura 27.

Figura 27. Em busca de uma visão mais futurística / Fonte: supercoloring.com

Tanto é que, após ter recebido de Raposão o estudo prevendo riscos de futuras queimadas para o ano de 2021, a Onça, inicialmente tomou algumas providências, mas teve uma confusão de incertezas imediatas. No entanto, por prudência, para ajudar na otimização das operações e priorização das ações, ela resolveu convocar novamente Raposão e sua equipe com a finalidade de quantificar o efeito de decisões futuras para aconselhá-la sobre possíveis resultados antes que as decisões fossem realmente tomadas.

Na real, a Onça com receio de arriscar algumas tomadas de decisões, deseja que Raposão e sua equipe forneçam recomendações sobre ações que terão proveito das previsões elencadas, ou seja, em uma linguagem mais clara, a Onça quer ouvir conselhos.

Raposão e sua equipe ouviram atentamente a solicitação feita pela Onça e chegaram a seguinte conclusão: embora a Onça tivesse um relatório prevendo o que iria acontecer, ela deixou escapar que precisava se resguardar de suas decisões, por isso requisitou outro estudo que pudesse prever múltiplos futuros.

Diante dessa solicitação, Raposão e sua equipe começaram a se debruçar novamente em cima de descobertas das análises descritivas, diagnósticas e preditivas que, em estudos anteriores, revelam para eles o que aconteceu, a causa raiz por trás disso e o que pode acontecer no futuro, no caso das queimadas na selva Amazônica.

Raposão e sua equipe deram início a uma análise prescritiva, visto que esse tipo de análise utiliza respostas para sugerir os resultados favoráveis de acordo com um curso de ação especificado e ajuda a determinar qual o melhor curso de ação para chegar a um resultado específico.

Dias depois, Raposão e sua equipe concluíram a análise prescritiva e apresentam um relatório à Onça. Nesse, eles preveem múltiplos futuros, ou seja, simulam a probabilidade de vários resultados favoráveis de acordo com um curso de ação especificado. A Onça recebeu e agradeceu o relatório, em seguida disse que estava nutrida com recomendações que descrevem quais seriam as possíveis implicações para cada um dos eventos e orientações para as melhores opções de tomadas de decisões proativas com base nos resultados da análise preditiva existentes para otimização das operações e priorização das ações do futuro previsto.

8.6. Qual é o seu objetivo para a análise prescritiva?

Análise prescritiva é a fronteira da análise de dados, combinando o insight de todas as análises anteriores para determinar o curso de ação a ser adotado em um problema ou decisão atual. De maneira geral, as empresas utilizam análise prescritiva para obter recomendações que permitem otimizar as operações e priorizam ações do futuro previsto. Essa análise quando usada com eficácia, ajuda os líderes empresariais a tomar decisões com base em fatos e projeções ponderadas pela probabilidade, em vez de tirar conclusões pouco informadas com base no instinto. Assim, determinar o que você deseja alcançar com análise prescritiva é essencial para formular um plano bem-sucedido. Um bom ponto de partida e situação é responder as seguintes perguntas:

- Sua empresa precisa realmente reavaliar toda a sua abordagem para um problema específico?
- Sua empresa está perdendo *Market Share* para a concorrência?
- Existe algum objetivo específico que você deseja alcançar para os próximos anos?
- Ou sua empresa deseja uma análise contínua do seu estado atual, dos

futuros possíveis e como otimizar para obter o melhor resultado sempre que for necessária uma reavaliação?

8.7. O que será necessário para atingir seu objetivo?

Saber o que será necessário para atingir o objetivo nesse tipo de análise é extremamente importante, visto que análise prescritiva não é algo que você pode conectar à sua empresa e esperar que ela produza resultados. Normalmente você precisará de uma estrutura de componentes relevantes ao bom andamento e alcance nos resultados dos trabalhos a serem desenvolvidos para ser eficaz. De modo geral, essa estrutura compreende dois componentes principais, que se complementam, incluindo:

a. Estabelecimento de uma visão
   O tipo de visão diz respeito a um resumo da oportunidade geral. Inclui uma definição de alto nível de como a organização tomará decisões no futuro, o impacto no desempenho e um roteiro (principais etapas que a organização seguirá para executar a visão) sobre como chegar lá.

b. Delineamento das principais etapas do processo, desde a avaliação até a adoção.
   Esse componente é caracterizado pela existência de um caminho bem definido para mudar da visão através da adoção de análises prescritivas em toda a empresa. Isso permite que a abordagem comece criando impulso para a iniciativa, possibilite o aprendizado organizacional ao equilibrar o risco e, finalmente, resulta em valor máximo para a organização. As principais etapas deste componente compreendem:

1. **Criar uma equipe e suas atribuições:** você precisará das mesmas funções que teria em qualquer iniciativa de transformação digital - um patrocinador de nível sênior, líder de iniciativa, comitê de direção etc.

2. **Realizar uma descoberta de valor:** essa etapa consiste em organizar eventos com especialistas no assunto para definir o problema, visualizar a solução para ter ideia de quanto valor você pode obter com isso, a chamada oportunidade de valor.

3. **Criar uma prova de conceito:** lide com um subconjunto de sua meta geral, como o desenvolvimento de um modelo de implementação de negócios, e elabore-o para verificar se você está seguindo na direção certa.

4. **Implementar:** projete o modelo inteiro para sua análise prescritiva e suas necessidades comerciais circundantes, além de detalhar o restante do modelo de prova de conceito. Em seguida, valide o modelo inteiro através de pequenos cenários e testes.

5. **Configurar:** uma vez estruturado o modelo instalado, a equipe saberá quais dados são necessários e poderá abordar todos os elementos técnicos de um modelo preditivo.

6. **Fazer lançamento:** inicie operações prescritivas completas e coloque suas descobertas iniciais em prática.

8.8 Quais profissionais e habilidades uma empresa precisa para executar um programa de análise prescritiva de sucesso?

Análise prescritiva também é muito complexa e demorada, visto que parte desde a análise descritiva. Uma tarefa dessa envergadura, digo análise prescritiva, é relevante considerar as capacidades e habilidade existentes dos participantes, visto que se trata de análise minuciosa que consome recursos tecnológicos, cognitivos e financeiros.

Normalmente esse tipo de iniciativa requer as funções padrão necessárias, utilizadas na análise preditiva como, Líder de Iniciativa, Comitê Diretor ou Gerente de Projeto. No entanto, esta seção se concentra nas habilidades que são relativamente únicas na implantação de análises prescritivas, tais como:

Cientista de Dados ou um analista de negócios para a descrição do problema; arquiteto de soluções para transformação digital e integração de dados, configuração de fluxo de trabalho e configuração da interface do usuário; profissional de finanças que vai se concentrar em garantir que o modelo represente os dados financeiros à medida que os negócios os incidem.

8.9. Quais ferramentas de análise prescritiva estão disponíveis?

Parte desse processo de análise prescritiva de Inteligência Artificial nos negócios inclui a construção e validação de modelos que fornecem múltiplas previsões. A análise prescritiva depende de algoritmos de aprendizado de máquina, como árvore de decisão, análises discriminantes, máquina de vetor de suporte, etc. Assim, descobrir quais ferramentas podem ser usadas para esse tipo de análise é também um grande passo. As ferramentas mais populares para análise prescritiva incluem Python, RStudio, IBM , NGDATA , River Logic , FICO e SAS.

Capítulo 9

Análise cognitiva de IA nos negócios

Análise cognitiva de IA nos negócios tem a ver com a capacidade "cognitiva" de saber a pergunta certa para fazer aos seus dados, no momento certo, no contexto certo, para o caso de uso correto e apresentar as respostas corretas. Conhecida também como Análise Autônoma, ela é o nível mais alto de maturidade analítica e de ciência de dados. Essa análise é inspirada em como o cérebro humano processa informações, tira conclusões, codifica instintos e experiências para aprender como entender não apenas as palavras em um texto, mas o contexto completo do que está sendo escrito ou falado. Isso ocorre porque esse tipo de análise combina uma série de tecnologias inteligentes, como Inteligência Artificial, algoritmos de aprendizado de máquina, aprendizado profundo etc., para aplicar a inteligência semelhante ao cérebro humano para executar determinadas tarefas. Em outras palavras, podemos dizer que essas tecnologias inteligentes tornam uma aplicação cognitiva mais inteligente e mais eficaz ao longo do tempo, aprendendo com suas interações com dados e seres humanos. Essa nutrição tecnológica na análise cognitiva permite que empresas e negócios aproveitem os dados coletados de várias fontes de dados e analisem as informações para tomada de decisão e inteligência de negócios.

9.1. O que é análise cognitiva de IA nos negócios?

Análise cognitiva de IA nos negócios é o tipo de análise que concentra várias fontes de dados, reúne várias ferramentas como análise diagnóstica, preditiva e prescritiva que observam, aprendem sobre certos tipos de funções relacionadas aos negócios e oferecem insights, sugestões e até ações automatizadas.

9.2. Como a análise cognitiva de IA nos negócios funciona?

Análise cognitiva reúne várias tecnologias inteligentes para coletar, extrair, gerenciar e controlar dados, bem como fontes de dados. Para fazer isso, ela deve incluir semântica, algoritmos de inteligência artificial e várias técnicas de aprendizado, como aprendizado profundo e aprendizado de máquina para processar uma enorme quantidade de dados disponíveis.

9.3. Qual tecnologia entra na análise cognitiva?

Análise cognitiva reúne e aplica várias tecnologias inteligentes, como Inteligência Artificial, aprendizado de máquina, aprendizado profundo, computação semântica e reconhecimento de imagens, entre outras, para analisar dados, tomada de decisão e gerar *insights* ou inteligência de negócios. Esse é o tipo de análise com forte poder de base tecnológica na aprendizagem de máquina, pois explora, entende, raciocina, aprende e avança a partir dos dados com um toque de propósito, adaptabilidade, autoaprendizado, contextualidade e interação humana.

9.4. Quais são os casos de uso de análise cognitiva e exemplos do mundo real?

Soluções de análise cognitiva são frequentemente usadas para tarefas de inteligência semelhantes a humanos, como reconhecimento de texto em fala e reconhecimento de texto em fala ou objeto. Elas permitem que as empresas identifiquem padrões críticos, desenvolvam previsões de alta qualidade e aprimorem o desempenho dos negócios, além de obter poder de processamento de dados, a fim de identificar ideias de negócios.
De acordo com o site da onyourdesks.com, em termos de aplicação, as soluções de análise cognitiva podem ser classificadas em vendas de marketing, gerenciamento de estratégia, gerenciamento de relacionamento com cliente (CRM), análise de negócios e outros, como gerenciamento de ativos e gerenciamento da cadeia de suprimentos. Com base no setor de uso final, o mercado pode ser segmentado em bancos, instituições financeiras e seguros, varejo e comércio eletrônico, viagens e logística, TI e telecomunicações, assistência médica, hospitalidade e outros, como energia e Serviços de utilidade pública. O Site embora mostre vários seg-

mentos que podem desfrutar desta análise, tem poucas aplicações reais. Na área de TI, por exemplo, uma aplicação que já é bastante consolidada é o Watson da IBM que reúne várias utilidades nessa área.

Reconhecimento de caligrafia é uma das várias aplicações de análise cognitiva. Isso está muito próximo de nós, vários softwares de leitura ótica de caracteres (OCR) usados em computadores e até aparelhos de celular conseguem escanear e confirmar ou não se o escrito está correto, ou seja, de acordo com a fonte de referência. Alguns cartórios, por exemplo, já usam essa aplicação.

Traduções em tempo real também é uma outra aplicação, possui tradução em tempo real gratuito, cita-se aqui o serviço do Google *translate* e o serviço de tradução do Azure, sendo que este último é capaz de interpretar texto com precisão, independentemente do idioma. No momento, o serviço conta com suporte completo em inglês (Reino Unido e EUA), mas outros idiomas serão lançados em breve (stackify.com).

9.5. Como minha empresa pode usar análise cognitiva?

Lançar uma iniciativa de análise cognitiva na empresa pode ser uma tarefa desafiadora, pois esta reúne **várias** tecnologias inteligentes na maioria das suas aplicações. No entanto, por ser de utilidade bastante abrangente, a análise cognitiva **pode ser usada para preencher a importante lacuna entre grandes volumes de informações e a necessidade de tomar decisões em tempo real.** Um profundo entendimento das informações ajuda as empresas a utilizar a ampla variedade de fontes de informações para **melhorar a qualidade do conhecimento da empresa, o posicionamento competitivo** é fornecer uma abordagem profunda e personalizada ao atendimento do cliente.

Para que você entenda melhor a abordagem da análise cognitiva, talvez seja conveniente recorrermos à fábula que passa por agruras quanto ao futuro da selva amazônica. Apresentada na figura 28.

Figura 28. A Onça e o Raposão numa visão mais futurista e automatizada / Fonte: pinterest.com e thefrangipanitree.com

Embora os relatórios fornecidos por Raposão e sua equipe tenham ajudado a Onça na resolução de diversos problemas, parece que ainda existia algo que a incomodava. A Onça então requisitou a presença de Raposão para uma nova reunião. Este, sem saber de nada, e ao mesmo tempo assustado com o olhar da Onça, pois imaginava que estivesse tudo conforme ela tinha pedido, acabou se surpreendendo com uma nova solicitação. Ela pediu-lhe que algumas das ações precisariam ser "automatizadas", e que, ele verificasse quais seriam essas ações.

Raposão reuniu novamente sua equipe, distribuiu as tarefas e colocaram a "mão na massa". Tudo quanto foi possível, em matéria de recurso tecnológico foi utilizado na construção de algoritmo para facilitar a automatização.

Após quatro semanas depois, Raposão apresentou o relatório com os algoritmos necessários para automação das ações. Implantadas as ações automatizadas, propostas por Raposão, a Onça revelou-lhe que a solução permitiu redução de esforços cognitivos, adaptabilidade e autoaprendizado para melhorar o curso de uma ação a ser adotada caso algo aconteça.

Diante de resultados concretos em prol da preservação da selva Amazônica a Onça resolveu fazer um grande evento para falar e celebrar esse novo momento de olho no futuro da espécie.

Saindo da festa na selva e retornando ao mundo dos negócios, resta saber:

9.6. Qual é o seu objetivo para a análise cognitiva?

Análise cognitiva é frequentemente usada para tarefas de inteligência de negócios semelhantes a humanos, como reconhecimento de texto em fala e reconhecimento de texto em fala ou objeto, mas não é só isso. Ela permite que as empresas identifiquem padrões críticos, façam previsões de alta qualidade e aprimorem cada vez mais o desempenho dos negócios. Assim, saber qual é seu objetivo para análise cognitiva pode ser um início para alcançar essa análise. Um bom começo é desenhar e experimentar seus dados, isso ajuda também a clarificar a formulação do problema do negócio. Essa análise, quando usada com eficácia, ajuda as empresas a obter em poder de processamento de dados, a fim de identificar ideias de negócios.

9.7 O que será necessário para atingir seu objetivo?

Normalmente a análise cognitiva é empregada com propósito de atingir objetivos desafiadores, que requerem forte poder de base tecnológica, especificamente aprendizagem de máquina. Então, saber o que será necessário para atingir o objetivo nesse tipo de análise é extremamente importante para o bom andamento e norte dos trabalhos. Segundo o site expertsystem.com, a **análise cognitiva é uma abordagem de encaminhamento de dados que começa e termina com o que está contido nas informações.** Essa maneira única de abordar toda a informação (todos os tipos e em qualquer escala) revela conexoes, padroes e colocaçoes que permitem uma percepção sem precedentes e até inesperada. Assim, para iniciar e concluir suas iniciativas, você precisará de uma estrutura de componentes relevantes ao bom andamento e alcance nos resultados dos trabalhos a serem desenvolvidos para ser eficaz. Essa estrutura obedece a critérios mais técnicos, pois envolve fortemente o uso da aprendizagem de máquina e compreende seis componentes principais, que se complementam, incluindo:

- Clarificar o problema do negócio e reavaliar o objetivo;

- Preparar os dados (desenhar, coletar e extrair);
- Explorar e visualizar os dados;
- Classificar ou Agrupar os dados;
- Analisar e interpretar (entender e avançar a partir dos dados);
- Construir Modelo (autoaprendizado).

9.8 Quais profissionais e habilidades uma empresa precisa para executar um programa de análise cognitiva de sucesso?

Por ser um tipo de análise desafiadora, complexa e demorada, precisará de capacidades profissionais de alto nível para seu projeto. Se você ainda não possui essas capacidades internamente, provavelmente precisará de provedores de serviços externos em curto prazo, para suas iniciativas. Se você pensar em implementar projetos de IA por um longo prazo, convém recrutar talentos especializados. De qualquer forma, é essencial ter os recursos certos para progredir.

Geralmente, as empresas precisam alavancar capacidades e habilidades de no mínimo três funcionários-chave, incluindo um especialista (profissionais internos ou um consultor externo) no assunto em questão; cientistas de dados, que possuem as habilidades estatísticas e um engenheiro que usa serviços cognitivos, aprendizado de máquina e mineração de conhecimento para arquitetar e implementar soluções *analytics* cognitivas. Caso ainda não possua esses profissionais, considere encontrá-los para um bom andamento dos resultados com as características que seguem:

O primeiro profissional, diz respeito a um especialista no assunto em questão, que pode ser um consultor interno ou externo. Em outras palavras, é o responsável por elaborar questões que a empresa não consegue fazer junto às empresas prestadoras de serviços de IA para obter a resposta correta, saber e entender onde a empresa está atuando. Este profissional contribuirá para desenvolver um portfólio priorizado de projetos, constando basicamente de três avaliações amplas.

a. Identificação de oportunidades: nesta avaliação, o consultor determina quais áreas da empresa poderiam se beneficiar mais com aplicações da análise cognitiva.
b. Determinar os casos de uso: essa avaliação abstrai informações mais precisas sobre qual recurso tecnológico contribui e gera valor para o sucesso nos negócios. Normalmente são utilizadas questões como: os benefícios do lançamento desse tipo de análise valeriam o esforço? Qual o grau de dificuldade para a implementação dessa análise?
c. Selecionando a tecnologia: nesta última avaliação, o consultor examina se as ferramentas de análise para as questões propostas estão realmente à altura da tarefa.

O segundo profissional deve ser um cientista de dados, com habilidade em matemática avançada que além do entendimento de estatística, aplique técnicas de aprendizado de máquina para treinar, testar, avaliar e implantar modelos que resolvem problemas de negócios. Esse profissional é de suma importância no projeto e normalmente ajuda a definir e preparar o ambiente de desenvolvimento; preparar dados para modelagem; realizar engenharia de recursos; desenvolver modelos.

1. À medida que esse profissional definir e preparar o ambiente de desenvolvimento, ele deve:

a. Selecionar o ambiente de desenvolvimento para:
   - Avaliar as restrições do ambiente de implementação;
   - Analisar e recomendar ferramentas que atendam aos requisitos do sistema.

b. Configurar ambiente de desenvolvimento para:
   - Criar um ambiente de ciência de dados;
   - Configurar ambientes de trabalho de ciência de dados.

c. Quantificar o problema de negócios para:
   - Definir métricas de sucesso técnico e riscos.

2. Ao preparar dados para modelagem, esse profissional ajuda a:

a. Transformar dados em conjuntos de dados utilizáveis para:
- Desenvolver estruturas de dados;
- Projetar uma estratégia de amostragem de dados;
- Projetar o fluxo de preparação de dados.

b. Executar análise exploratória de dados para:
- Revisar os dados da análise visual a fim de descobrir padrões e determinar as próximas etapas;
- Identificar anomalias, *outliers* e outras inconsistências de dados;
- Criar estatísticas descritivas para um conjunto de dados.

c. Limpar e transformar dados para:
- Resolver anomalias, *outliers* e outras inconsistências de dados;
- Padronizar formatos de dados;
- Definir a granularidade para dados.

3. À medida que esse profissional realiza engenharia de recursos, ele ajuda a:

a. Executar extração de recursos para:
- Executar algoritmos de extração de recursos em dados numéricos;
- Executar algoritmos de extração de recursos em dados não numéricos;
- Recursos de escala.

b. Executar seleção de recurso para:
- Definir os critérios de otimização;
- Aplicar algoritmos de seleção de recursos.

4. Ao desenvolver modelos, esse profissional ajuda a:

a. Selecionar uma abordagem algorítmica para:
   - Determinar métricas de desempenho apropriadas;
   - Implementar algoritmos apropriados;
   - Levar em consideração as etapas de preparação de dados que são específicas para os algoritmos selecionados.

b. Dividir conjuntos de dados para:
   - Determinar a divisão ideal com base na natureza dos dados;
   - Determinar o número de divisões;
   - Determinar o tamanho relativo das divisões;
   - Garantir que as divisões sejam equilibradas.

c. Identificar desequilíbrios de dados para:
   - Reamostrar um conjunto de dados para impor equilíbrio;
   - Ajustar a métrica de desempenho para resolver desequilíbrios;
   - Implementar penalização.

d. Treinar o modelo para:
   - Selecionar critérios de parada antecipada;
   - Ajustar hiperparâmetros.

e. Avaliar o desempenho do modelo para:
   - Modelos de pontuação em relação às métricas de avaliação;
   - Implementar validação cruzada;
   - Identificar e abordar o excesso de ajustes;
   - Identificar a causa-raiz dos resultados de desempenho.

O terceiro profissional diz respeito a um engenheiro com capacidades tecnológicas de Inteligência Artificial, o qual deve ter habilidade em usar serviços cognitivos, aprendizado de máquina e mineração de conhecimento para arquitetar e implementar soluções *analytics* cognitivas. Esse profissional tem também importância no projeto e normalmente sua ajuda é essencial em dois pontos:

1. Analisar os requisitos da solução

a. Recomendar APIs dos Serviços Cognitivos a fim de atender aos requisitos de negócios para:

- Selecionar a arquitetura de processamento para uma solução;
- Selecionar as tecnologias de processamento de dados apropriadas;
- Selecionar os modelos e serviços de IA apropriados;
- Identificar componentes e tecnologias necessárias para conectar terminais de serviço;
- Identificar requisitos de automação.

b. Mapear requisitos de segurança para ferramentas, tecnologias e processos para:

- Identificar processos e regulamentos necessários para estar em conformidade com os requisitos de privacidade, proteção e regulamentação de dados;
- Identificar quais usuários e grupos têm acesso a informações e interfaces;
- Identificar ferramentas apropriadas para uma solução;
- Identificar requisitos de auditoria.

c. Selecionar o software, serviços e armazenamento necessários para suportar uma solução, para:

- Identificar serviços e ferramentas apropriados para uma solução;
- Identificar pontos de integração com outros serviços ;
- Identificar o armazenamento necessário para armazenar logs, dados do estado do *Bot* e saída dos Serviços Cognitivos.

2. Projetar soluções de Inteligência Artificial

a. Projetar soluções que incluem um ou mais *pipelines* implica:

- definir um processo de fluxo de trabalho de aplicativo AI;
- projetar uma estratégia para dados de entrada e saída;
- projetar o ponto de integração entre vários fluxos de trabalho e *pipelines*;
- projetar *pipelines* que usam aplicativos de IA;
- *pipelines* de *design* que chamam de modelos de *Machine Learning;*
- buscar uma solução de IA que atenda às restrições de custo.

b. Projetar soluções que usam os Serviços Cognitivos para:

- soluções de *design* que usam APIs de detecção de visão, fala, idioma, conhecimento, pesquisa e anomalia.

c. Projetar soluções que implementam o *Framework* de *Bot* para:

- integrar *bots* e soluções de IA;
- projetar serviços de *bot* que usam o LUIS (Language Understanding);
- *bots* de *design* que se integram aos canais;
- integrar *bots* aos serviços de aplicativos.

d. Projetar a infraestrutura de computação para dar suporte a uma solução, para:

- identificar se deseja criar uma solução baseada em GPU, FPGA ou CPU;
- identificar se deve usar uma infraestrutura de computação baseada em nuvem, local ou híbrida;
- selecionar uma solução de computação que atenda às restrições de custo.

e. *Design* para governança, conformidade, integridade e segurança de dados para:

- definir como os usuários e aplicativos serão autenticados nos serviços de IA;
- projetar uma estratégia de moderação de conteúdo para uso de dados em uma solução de IA;

- garantir que os dados cumpram os requisitos de conformidade definidos pela sua organização;
- garantir governança apropriada para os dados;
- estratégias de *design* para garantir que a solução atenda à privacidade de dados e aos regulamentos padrão do setor.

9.9. Quais ferramentas de análise cognitiva estão disponíveis?

Parte desse processo de análise cognitiva de Inteligência Artificial nos negócios inclui a construção e validação de modelos inteligentes que aprendem interagindo com dados e seres humanos. Análise cognitiva depende de uma série de tecnologias inteligentes, como Inteligência Artificial, algoritmos de aprendizado de máquina, aprendizado profundo etc. para aplicar a inteligência semelhante ao cérebro humano para executar determinadas tarefas. Assim, descobrir quais ferramentas podem ser usadas para esse tipo de análise é um bom começo. As plataformas de IA mais populares para análise cognitiva incluem Google AI Platform, Microsoft Azure, Dialogflow, Rainbird, Wipro Holmes O'Reilly, MindMeld Watson Studio, Vital AI , Dataversity , entre outras.

Capítulo 10

As chaves para Implementar Inteligência Artificial dentro da sua Empresa

Embora diversas pesquisas apontem que Inteligência Artificial traz benefícios para os negócios das empresas em todo o mundo, ainda é pouco o número de empresas que vêm adotando Inteligência Artificial para aprimorar a tomada de decisões práticas. Isso porque muitas delas ainda estão em estágio inicial. No entanto, se você está pensando em implementar Inteligência Artificial nos negócios, é hora de começar a analisar as maneiras pelas quais isso pode impactar positivamente sua empresa. Depois que descrevermos sobre as soluções de análise da Inteligência Artificial é natural que aflorem algumas dúvidas sobre as direções para sua aplicação prática. Assim, para te tranquilizar e dar uma direção, é importante ter um bom planejamento para começar a analisar as possíveis ferramentas para seu negócio. Pensando nisso, nesse capítulo elaboramos um roteiro de forma bem prática, e estruturado estrategicamente em duas análises chaves (inteligência real e artificial) com suas respectivas etapas para dar maior visibilidade sobre o processo de sua implementação como um todo. Essas etapas, possibilitam que as pessoas interessadas em resolver problemas com as soluções de análise possam olhar para o processo de implementação como investimento e não como um custo.

Recomendamos aos líderes das organizações, que ao pensar em implementação de soluções de Inteligência Artificial no mundo real, realizar duas análises-chaves: uma da inteligência real e outra artificial com suas respectivas etapas, a fim de aumentar os impactos positivos dessa tecnologia na empresa.

10.1. Análise chave da inteligência real

Entendemos que esta análise chave tem um olhar horizontal da organização como um todo, o que permite revelar seus pontos fracos e fortes, e ainda oferece a chance de a organização analisá-los verticalmente. Essa análise traz consigo também algumas etapas importantes, que contribuem para implementação com sucesso. Uma boa análise nos negócios pode ajudar a determinar quais pontos estratégicos, táticos e até mesmo operacionais podem se beneficiar com as tecnologias exponenciais.

10.1.1. Identifique quais problemas você acha que está tentando resolver

Essa talvez seja a etapa mais importante, visto que as demais só existirão se de fato tiverem necessidade. Não conhecemos nenhum líder ou executivo que busca uma solução sem ter um problema a solucionar. Assim é importante que os líderes e seus gerentes de projeto dediquem algum tempo para definir e articular os problemas e suas dimensões, ou seja, o que eles gostariam que as tecnologias exponenciais possam apoiar e resolver.

10.1.2. Reúna seus executivos e equipe de TI, e sinta familiaridade deles com os problemas e novas soluções.

É de suma importância que os executivos e a equipe de TI entendam os problemas, seus graus de profundidade e comecem também, de alguma forma a expor discussões que levem a soluções e que impliquem em melhorias para a empresa.

10.1.3. Reconheça a lacuna de habilidade e capacidade interna

Muitas das soluções tecnológicas "de ponta" tem exigido domínios de capacidade interna para implementação de seus projetos. No entanto, algumas organizações não dispõem dessas capacidades e utilizam recursos de consultoria para ajudar a começar com suas iniciativas. Vale lembrar que o time interno pode ser treinado ou a empresa pode ainda contratar novos talentos, conforme a organização vai se aproximando da estabilidade.

10.2. Análise chave da Inteligência Artificial

Existem muitas soluções atualmente no mercado nacional e internacional. No entanto, poucos fornecedores dessas soluções exibem clareza que ajudam a determinar por onde começar uma jornada de implementação com uso de Inteligência Artificial. Em complemento à análise anterior, essa análise-chave compreende informações necessárias para que isso aconteça e minimize erros.

O início dessa jordana é representado pela Figura 29.

Figura 29. Início de uma jornada com tecnologias de IA / Fonte. spin.atomicobject.com

10.2.1 Não atire no vazio, convide um especialista

Embora muitas organizações tenham equipes de TI que seguem processos de desenvolvimento e práticas prescritas, e que estão sempre testando e refinando suas aplicações tecnológicas, em um ciclo de feedback e aprimoramento constante, isso pode não ser suficiente para implementação da Inteligência Artificial. Daí a importância de convidar um especialista nessa área para facilitar sessões informativas que instruirão os funcionários sobre o padrão exigido e ajudar a empresa a se preparar para uma reestruturação tecnológica.

10.2.2 Entenda os riscos e monte um projeto piloto

Esse é um ponto crucial nessa jornada, pois ninguém quer perder tempo, tampouco dinheiro, mesmo sabendo que há risco quando se fala em mudanças nos processos do negócio. Por isso, é importante estar ciente sobre os impactos que a Inteligência Artificial pode aquilatar no seu negócio. Normalmente, esse impacto tem uma forte relação com o tempo de maturação da solução, pois há casos em que a solução provoca impacto imediato, em outrs há demoras para apresentar resultados, visto que requer alguns ajustes ao longo do tempo. Embora o emprego das tecnologias exponenciais seja acompanhado de expectativas para extrair o máximo de valor econômico do investimento no prazo mais curto possível, é saudável que ela tenha um cronograma de resultados. Desse modo, a fim de evitar uma expectativa excessiva, recomendamos que seja feito um projeto piloto. Depois que o projeto piloto estiver concluído, é hora da equipe do projeto discutir os resultados e quanto tempo levará para concluir o grande projeto de Inteligência Artificial. Além da conclusão do projeto piloto, essa etapa abre também uma janela para uma discussão do Retorno Sobre o Investimento (ROI) a partir de investimentos em Inteligência Artificial. O ROI, de certo modo, quando visto por áreas críticas, pode ser um forte atrativo para dar início à jornada.

10.2.3 Força de trabalho combinada

Para implementar soluções de Inteligência Artificial (IA) no mundo real, as empresas precisam combinar uma força de trabalho. De modo geral, os modelos são construídos pelos cientistas de dados ou estatísticos, a equipe de TI (webmasters ou administradores de banco de dados) tem a tarefa de implantá-los na produção. A composição correta da equipe técnica envolvida no projeto pode acelerar os esforços de implementação de IA, por isso há pontos essenciais nesta composição:

- Aproximação do cientista de dados ou estatísticos com profissionais tanto das áreas mais técnicas, quanto das áreas mais de negócios para um alinhamento das melhores práticas organizacionais do trabalho.

- Na parte mais técnica, os cientistas de dados devem se relacionar com setores como: business inteligente; tecnologia de informação e administração de banco de dados.

10.2.4 Comece em algum lugar: Comece pequeno

Os números de resultados de estudos ou mesmo de projetos pilotos nos revelam várias situações, que nos levam a acelerar ou reduzir nosso otimismo em fazer algo. Há uma corrida frenética para a adoção de práticas de Inteligência Artificial em todos os setores, isso significa que as equipes de TI precisam construir, treinar e implantar modelos em velocidade e escala para atender as várias demandas da empresa. Vale frisar que embora a empresa tenha várias demandas, é importante começar em algum lugar "pequeno" com um problema do negócio em questão real. Assim, como as demais ferramentas de tecnologia, a Inteligência Artificial tem também uma curva de aprendizado que envolve particularmente ajustes, ou seja, quanto mais você pratica, mais você tende a melhorar seu desempenho.

10.2.5 Construa com equilíbrio

Essa é uma etapa aparentemente óbvia, mas que precisa ser vista em seus detalhes, visto que uma simples limitação de hardware pode gerar uma série de problemas. Então, desde já, procure combinar as necessidades da tecnologia do projeto com os recursos atualmente disponíveis em sua organização. Esse é certamente um bom ponto de partida para uma construção equilibrada.

Para aquecer ainda mais esses detalhes e reforçar o equilíbrio da construção, as empresas precisam entender que tipos de dados estarão envolvidos no projeto e quais serão suas salvaguardas de segurança habituais - criptografia, redes privadas virtuais, além de criar largura de banda suficiente para rede, armazenamento e unidade de processamento gráfico (GPU). Por fim, e não menos importante, destacamos o equilíbrio com o orçamento geral.

Parte 3
Transformações da IA: Diferentes Olhares

Capítulo 11

Condições Históricas da Emergência do estudo das Redes Neuronais

Luis Cunha

Introdução

O cérebro é uma rede. Gerações e gerações de cientistas têm tentado compreender como é que essa rede funciona e muitas ideias têm sido testadas e aperfeiçoadas ao longo dos tempos.

Um fato poucas vezes salientado é que muitos dos nomes mais respeitados atualmente, na área do chamado "deep learning", já são conhecidos da literatura da Psicologia e restantes ciências cognitivas desde os meados dos anos 80. É o caso, em particular, de Geoffrey Hinton, que já tinha atingido bastante notoriedade em 1986, com o lançamento da obra "Parallel Distributed Processing" (Rumelhart, McClelland, & The PDP Group 1986).

O estudo das redes neuronais, no âmbito das ciências cognitivas, ficou conhecido como "conexionismo". O conexionismo inscreve-se no âmbito das ciências cognitivas, embora tradicionalmente a perspetiva clássica do "processamento da informação" (baseada no modelo sequencial do computador digital) tenha ofuscado os seus pressupostos.

Os cientistas cognitivos procuram uma teoria profunda que lhes permita explicar a mente. Mas nem todos procuram essa teoria da mesma maneira. Eles provêm das mais diversas áreas: da psicologia, da antropologia, das neurociências, das ciências de computadores, da linguística e mesmo da filosofia.

O conexionismo parte do princípio de que os neurônios são unidades de processamento de informação. Quando falamos em «neurônios» não estamos falando necessariamente de neurônios biológicos. O objetivo último é compreender como é que o nosso cérebro funciona, mas, por enquanto, temos de nos contentar com modelos menos sofisticados.

Podemos encontrar as suas raízes nos trabalhos pioneiros de William James que, em 1890, publicou "Psychology (Briefer Course)", livro didático em que expunha algumas ideias que, à parte da terminologia utilizada, típica do século XIX, podiam ser diretamente transportadas para o estudo atual das redes neuronais.

Nessa obra, James expõe o princípio associativista de que «*quando dois processos mentais estão ativos simultaneamente ou, em sucessão imediata, um deles tende a transferir a sua excitação para o outro*". Descreve também uma regra somática para o funcionamento cerebral que - resumidamente - relaciona a atividade de um determinado "ponto mental" com o dos outros pontos a que está conectado. Nestes conceitos vislumbram-se enunciados embrionários da dinâmica dos processos neuronais.

Em 1949, numa das primeiras utilizações do termo "*conexionismo*", Hebb afirma que a psicologia inspirada nos dados neurobiológicos sobre o funcionamento do cérebro não é uma psicologia "de estímulo-resposta", à maneira behaviorista. Pelo menos se por resposta estivermos apenas a considerar as manifestações motoras. Este acreditava que as ligações neuronais do cérebro servem para o estabelecimento de atividade central autônoma, indispensável para a ocorrência de aprendizagens.

Quando John von Neumann definiu a arquitetura, que universalmente viria a ser aceita para o computador digital (em 1945), já manifestava o seu interesse pelas relações entre o cérebro e o computador. Tal é claramente percetível pelas citações que faz aos pioneiros do conexionismo Warren McCulloch e Walter Pitts que, em 1943, publicaram um artigo em que procuravam explicar o funcionamento dos neurônios.

Em «The Computer and the Brain», artigo póstumo de von Neumann que será tratado adiante, este investigador afirma que a natureza *pouco precisa* das *computações* dos neurônios tem implicações no tipo de processamento de informação que o cérebro leva a cabo.

Em 1949, Donald Hebb publica "*Organization of Behavior*", onde procura explicar como pode uma rede aprender. Este investigador postulava que quanto mais vezes a ligação entre duas "unidades" fosse utilizada, mais forte ela se tornaria. Esta regra viria a ser conhecida por *lei de Hebb* e inspiraria a construção de dispositivos artificiais capazes de efetuar aprendizagens: as *máquinas de aprendizagem competitiva*, que pela primeira vez demonstram, na prática, muitas das ideias do conexionismo.

Nos anos cinquenta e nas décadas imediatamente a seguir, a expressão "cérebro eletrônico» foi usada, muitas vezes, como equivalente de computador digital (sequencial). Essa expressão reflete uma certa ideologia, então dominante, de que o computador tinha um funcionamento análogo ao funcionamento do cérebro, e que o fato de se basear em componentes eletrônicos *precisos* lhe dava uma supremacia potencial sobre o órgão biológico. É uma expressão que, apesar de absolutamente datada, reflete os temores e expectativas que as novas máquinas criaram na sociedade.

O fato de a arquitetura do cérebro ser muito diferente da arquitetura dos computadores convencionais, em nada refreou os ânimos e as pretensões dos cientistas que insistiam em ver nele o instrumento onde a mente podia ser cristalizada. Esta atitude reflete a aceitação da perspetiva *mentalista*, segundo a qual não interessa *como* o cérebro faz o que faz, mas sim *aquilo* que ele faz: a mente.

O advento do computador, enquanto instrumento científico, traz consigo métodos de trabalho inovadores e vários trabalhos surgem nesta época. Um dos autores mais marcantes das ciências cognitivas é Noam Chomsky, que se interessou pelo modo como as frases podiam ser geradas.

Chomsky considera que a sintaxe pode ser compreendida autonomamente e que é independente de outras características da linguagem, como a semântica e a pragmática. A convicção de Chomsky é de que existe um nível separado na mente - o nível transformacional - em que operam regras bem definidas, capazes de transformar uma dada frase noutra frase gramaticalmente correta.

Noutra área, a do estudo da visão, David Marr postulou que a informação visual é processada em módulos separados, cada um dos quais responsável pelo tratamento de uma determinada característica da imagem. Estes modelos partem do pressuposto de que a atividade cognitiva da mente pode ser simulada num computador.

O empreendimento conhecido como Inteligência Artificial (IA ou AI, de "Artificial Intelligence") começou com um grande entusiasmo, nos anos 50 do século XX. A partir de então, várias aplicações começaram a surgir em: programas capazes de disputar uma partida de xadrez, sistemas periciais (ou peritos) que eram capazes de manipular regras para responder as muitas questões sobre um domínio específico de conhecimento, programas de processamento de linguagem natural que, em alguns casos, eram capazes de se fazer passar por interlocutores humanos, etc. Tornou-se claro, no entanto, que os métodos usados por esses programas nada tinham a ver com a forma como nós, seres humanos, pensamos.

Alguns investigadores teceram sérias advertências quanto ao fato de o papel do contexto não estar a ser levado em linha de conta, em áreas como os programas de linguagem especializados em tradução e a investigação sobre a visão. O fracasso dos programas tradutores de primeira geração veio dar-lhe razão. Na área da visão, criticava-se a direção seguida pela IA tradicional, por considerar que a perspetiva dos investigadores era cartesiana, encarando a relação entre observador e objeto como se de uma relação meramente fotográfica se tratasse. Segundo ele, é necessário ter em conta o papel ativo do indivíduo no processo de observação, algo que os psicólogos da *Gestalt* já haviam alertado no princípio do nosso século.

A propósito de um fracasso da IA devido ao problema do contexto, Carl Sagan (1979) relata-nos o episódio em que, numa recepção formal, um embaixador, convidado pelos orgulhosos inventores de uma tradutora de inglês-chinês automática a proferir uma frase, disse:

- *"longe da vista, longe do coração"*

A maquineta traduziu a frase para caracteres chineses, mas como o embaixador não sabia chinês, pediu para que ela voltasse a traduzir o texto para inglês; assim foi feito, mas - para embaraço generalizado - a frase era agora:

- *"idiota invisível"*
...traduzir é complicado...

O suporte da mente humana é o cérebro. E o modo como o cérebro trata a informação é muito distinto da forma como um computador sequencial opera. Ora, o cérebro caracteriza-se por uma grande diversidade de capacidades, pelo seu poder de generalização, pelo seu comportamento adaptativo e pela sua dependência do contexto de onde recolhe informação.

Um sistema perito, um dos tipos de programa a que a estratégia da IA deu origem, pode conter um sem número de dados sobre uma área, mas revelar-se-á inútil numa situação inesperada.

O computador sequencial, por seu lado, é uma máquina que tem as suas limitações, algumas das quais brilhantemente descritas por Alan Turing, já em 1937. Encerra também muitas possibilidades.

Na verdade, qualquer dispositivo de computação serial, em cuja linguagem esteja contido um conjunto mínimo de instruções, a que Turing chamou de "código curto", pode imitar outro dispositivo de computação, quer seja serial, paralelo ou misto. Para isso, precisa apenas de dois recursos: memória e tempo. Diz-se que o computador sequencial tem, por isso, capacidade de emulação. Esta propriedade permite que usemos computadores digitais sequenciais para simular, por exemplo, redes neuronais, que são sistemas não sequenciais e, em muitos casos, não digitais.

O fato é que não podemos ter ainda a certeza de como funciona um neurônio, embora a neurobiologia nos forneça dados para construirmos os nossos modelos. Trabalhos como os que deram a Wiesel e Hubel o Prêmio Nobel, ao estudarem como grupos de neurônios da retina reagem diferentemente a linhas com várias orientações, permitiram-nos compreender melhor a forma como os neurônios reais se comportam em rede.

Para dar uma ideia da dimensão do problema, os seguintes fatos são elucidativos: o número de neurônios do nosso cérebro estima-se entre 10 ^ 11 e 10 ^ 12. Cada neurônio dispõe de um número de ligações que varia entre a ordem das unidades e a das centenas de milhar. O número médio de ligações por cada neurônio situa-se na ordem dos milhares.

As redes que simulamos em computador ainda têm tipicamente um número muito mais reduzido de unidades. Mesmo assim, tem sido possível criar modelos muito eficazes, com estas pequenas redes. Alguns desses modelos até já têm uma performance acima daquela que é apresentada pelos humanos.

A competição intelectual que caracterizou as relações entre os grupos de investigação de IA e do conexionismo tende hoje a diminuir. Mas, tempos houve de acesa rivalidade. E um dos confrontos mais dramáticos entre a perspetiva clássica da IA e o primeiro conexionismo surgiu com a disputa entre Marvin Minsky e Frank Rosenblatt, que culminou com a publicação, por Minsky e outro investigador - Seymour Papert - de «Perceptrons», em 1969.

Minsky, que juntamente com McCarthy, Newell, Simon, entre outros, tinha sido um dos fundadores da IA, critica de uma forma demolidora os trabalhos que uma boa parte da comunidade do conexionismo desenvolvia em torno dos percetrões. O conceito de percetrão, um tipo especial de rede neuronal (ou neural) com o qual se pretendia obter uma classificação para cada padrão de entrada, tinha sido sugerido por Rosenblatt em 1962, e desde então muitos trabalhos de um grande número de investigadores tinham sido publicados. Apesar de os percetrões poderem ser simulados em computadores sequenciais convencionais, Rosenblatt acreditava que, devido às suas propriedades estatísticas, os percetrões eram, de algum modo, superiores.

No livro que Minsky, em colaboração com Seymour Papert, dedica à análise dos seus limites, a análise matemática rigorosa é implacável com os percetrões. Hoje, sabe-se que as críticas então formuladas eram válidas apenas para os percetrões mais simples, não se aplicando a sistemas com *unidades ocultas*. Seja como for, na época esta obra teve um efeito devastador, levando à interrupção abrupta e dramática da investigação das redes neuronais.

Rosenblatt foi o proponente do conexionismo mais controverso, mas não foi o único. Em 1955, Oliver Selfridge concebeu um sistema que exemplificava a utilização de mecanismos interativos dinâmicos na perceção. Chamou-lhe Pandemônio. Já nos anos setenta, Grossberg escreveu artigos de profunda análise matemática das redes neuronais e preocupou-se com a forma como o cérebro construía um *código cognitivo*.

O interesse pela perspectiva conexionista viria a reemergir nos anos 80, com novo vigor. Tanto é que, em 1986, o Grupo de Investigação de Processamento Distribuído Paralelo (PDP) faz publicar Parallel Distributed Processing: dois volumes em que o trabalho de investigadores como Rumelhart, McClelland, Hinton, entre outros, é compilado. Esta obra causou um profundo impacto na orientação teórica da investigação sob a bandeira do conexionismo.

Contrariamente aos computacionistas clássicos, autores como Rumelhart e McClelland sempre estiveram confiantes na fertilidade do terreno das redes neuronais para os fenômenos cognitivos.

Numa rede de *deep learning* existem neurônios que não constituem unidades de entrada nem de saída. São a componente distintiva destes sistemas e tomam o nome de "unidades ocultas"; Trata-se de informação interna da rede, *representações internas* de informação.

A tese conexionista é de que, numa rede, o conhecimento é distribuído pela totalidade do sistema. No entanto, o problema da localização/distribuição das funções cerebrais causa ainda um aceso debate.

Contrariamente à abordagem da IA, que pretendia simular o comportamento inteligente através da manipulação de símbolos que representavam diretamente objetos e conceitos, a investigação conexionista procura compreender os processos *subsimbólicos* a que atribui a cognição.

Outro pioneiro, Paul Smolenski, afirmava já em 1986 que "o nível mais poderoso de descrição dos sistemas cognitivos está abaixo do nível que é descrito normalmente pela manipulação simbólica".

Os investigadores que têm defendido o uso de redes neuronais em IA e nas ciências cognitivas afirmam que os símbolos que a IA tradicional pretendia manipular são - afinal - macrosímbolos e que, a nível subsimbólico, é possível fazer interagir as componentes desses símbolos macroscópicos e trabalhar assim diretamente com a matéria-prima da cognição.

Princípios gerais de redes neuronais

Introdução

O modelo conexionista geral baseia-se numa rede composta por unidades interligadas, analogamente aos neurônios do cérebro. Cada unidade recebe uma entrada, ou "input", depois de integrada fornece uma determinada resposta (ou "output").

Nesse sentido, as redes conexionistas são conhecidas por redes neuronais, ou sistemas neuromórficos. A palavra neuronal é um neologismo da nossa língua; também se pode dizer neural.

Os neurônios biológicos não são binários, i.e. produzem respostas dentro de um espectro contínuo de frequências. Apesar disso, alguns modelos de rede tratam-lhes como processadores binários discretos, para assim facilitar a sua análise matemática.

A atividade dos diferentes elementos da rede é descrita por um vetor que é chamado vetor de estado. O conjunto das ligações entre os elementos da rede é tratado como uma matriz, chamada matriz de conectividade.

Quanto à estrutura, tipicamente, os elementos de uma rede neuronal agrupam-se em camadas. Os sistemas compostos por elementos interligados de uma mesma camada chamam-se sistemas autoassociativos.

Os sistemas de uma única camada ou aqueles que possuem duas camadas são relativamente simples de utilizar e as suas potencialidades tornaram-se muito estudados pelo primeiro conexionismo. As críticas que, em 1969, Minsky e Papert teceram a um sistema neuronal simplificado, o "percetrão" (Rosenblatt, 58), levariam ao quase abandono da corrente conexionista durante mais de uma década. Atualmente, os próprios Minsky e Papert reconhecem que as críticas feitas então não são extensíveis a redes neuronais mais complexas, especialmente aquelas que dispõem de "unidades ocultas".
A década de 80 assistiria ao renascimento do conexionismo.

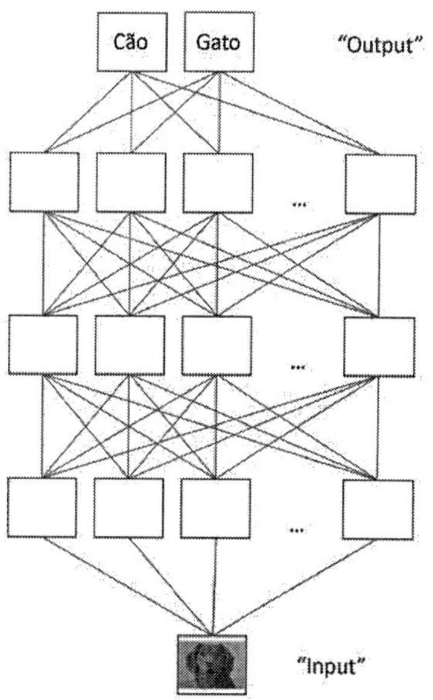

Figura 30. Exemplo de uma rede neuronal, com unidades de entrada, saída, ocultas e respectivas ligações.

Fase de aprendizagem

Antes de servir para qualquer fim, uma rede neuronal precisa passar por uma fase de aprendizagem. Durante essa fase, as ligações entre os elementos da rede são modificadas. Como, na maioria dos casos, não se pode definir à partida quais devem ser os pesos de cada ligação, é necessário deixar a rede passar por uma fase - dita de aprendizagem -, em que ocorrem modificações na matriz de conectividade.

Consegue que uma rede aprenda mediante a utilização de algoritmos de aprendizagem. Um desses algoritmos, descrito por Hinton et al, será apresentado adiante.

O estudo dos procedimentos pelos quais é possível levar as redes neuronais a aprenderem de forma eficiente tem sido o cerne da investigação em conexionismo, pelo menos há três décadas. E a forma como o conhecimento é representado numa rede neuronal reveste-se de uma especial importância. Para que os sistemas neuromórficos nos sejam úteis, é necessário que saibamos fornecer-lhes dados de entrada adequados. Também devemos ser capazes de compreender a resposta que a rede nos dá aos dados que lhe introduzimos. Este é um problema muito debatido, na área da investigação do processamento paralelo distribuído.

Subfase de ajuste

Dentro da fase aprendizagem segue uma subfase em que se apresenta um determinado padrão/vetor de entrada com o qual se está à espera de obter uma resposta específica. Considerando a complexidade que muitos sistemas neuronais apresentam, torna-se difícil compreender exatamente o que se passa desde a entrada da informação na rede e a resposta que dela obtemos. Nos modelos baseados em redes neuronais o erro não é um estranho: ele é um elemento intrínseco do funcionamento da rede e a sua interferência deve ser sempre levada em conta.

O próprio Hinton, ao descrever o chamado "algoritmo de aprendizagem por propagação retrógrada de erro" (Rumelhart et al, 1986) já referia que a "falta de precisão" que autores como von Neumann (John von Neumann, 1958) consideravam ser uma deficiência dos neurônios biológicos pode estar por detrás das maravilhosas capacidades do cérebro humano.

Primeiras redes para reconhecimento visual: o percetrão

O percetrão básico é composto por uma camada de neurônios superficiais, a que Rosenblatt chamou de "retina". Cada um destes neurônios está ligado aos da segunda camada, chamados "unidades de associação" (ou "unidades A"). As unidades de associação são neurônios dotados de alguma conectividade aleatória, uma vez que recebem informação de diversos pontos - ao acaso - da retina. Essa informação pode ter um efeito inibitório ou excitatório sobre a unidade de associação em causa. O nível das unidades-A está ligado a uma terceira camada de neurônios: as unidades de resposta ou unidades-R.

A ativação de uma dada unidade-R é o objetivo da atividade do percetrão que assim, segundo Rosenblatt, leva a cabo a classificação do padrão que serviu de entrada. Como é desejável que apenas uma unidade-R seja ativada com um determinado padrão, seleciona-se aquela cuja resposta é mais pronunciada. Rosenblatt tinha a convicção de que os primeiros trabalhos teóricos acerca do funcionamento do sistema nervoso partiam de pressupostos errados, nomeadamente quando consideravam que o cérebro procedia a cômputos de funções lógicas.

Segundo ele, a linguagem da lógica booleana e simbólica não se adapta ao funcionamento de um órgão onde o erro e os efeitos de ruído têm um papel principal. Ao contrário do que von Neumann afirmara, o funcionamento do cérebro não é restringido pela "falta de precisão" dos seus componentes. Antes, os componentes biológicos do cérebro estão perfeitamente adaptados para minimizar o caos que, como partes de um sistema complexo, tem que integrar.

O percetrão apresentava uma estrutura maleável, em que os parâmetros internos das ligações entre as unidades não são pré-especificados. Está, assim, preparado para se adaptar a um ambiente ruidoso e variável.

Nos primeiros trabalhos sobre percetrões, a atenção era mais focada na descrição funcional da rede do que na exploração das regras que lhe permitem aprender. A regra de aprendizagem mais simples que foi apresentada foi a da chamada "auto-organização", pela qual um estímulo é associado a uma unidade de resposta que não estava definida à partida.

Rosenblatt verificou que a capacidade da rede para aprender padrões ao acaso era limitada, diminuindo a precisão das respostas com o número de padrões apresentados. Pelo contrário, a capacidade da rede para aprender a distinguir padrões regulares, mas diferenciados, era proporcional ao número de configurações possíveis para os padrões de entrada.
Parecia que, procedendo a "classificações" cada vez mais apuradas, os percetrões estavam - de alguma maneira - a formar "conceitos". Assim, conforme foi demonstrado por Minsky e Papert, isso não ocorria, uma vez que certos padrões de entrada que tinham importantes relações entre si não eram "classificados" da mesma maneira.

No entanto, apesar das suas limitações, os percetrões tinham propriedades inestimáveis, nomeadamente de generalização e de adaptação. Estas redes podiam responder apropriadamente a padrões nunca vistos, apenas por semelhanças entre eles e padrões conhecidos.

Como sistemas de processamento distribuídos, os percetrões não estão dependentes de nenhuma parte essencial para o seu funcionamento. Como o cérebro, são sistemas redundantes.

Rosenblatt estava ciente de algumas das limitações sérias que as suas redes encerravam. Preocupava-o especialmente a completa falta de habilidade dos percetrões para tratar abstrações simbólicas, exibindo sempre respostas literais.

Ainda hoje, os investigadores do processamento paralelo distribuído se debatem com a dúvida de se é ou não necessário esperar por inovações radicais à teoria das redes para que assuntos como os que preocupavam Rosenblatt possam ser tratados.

Redes de Hopfield

Em 1982, John Hopfield equacionou alguns princípios matemáticos que suportam a dinâmica de certos modelos de rede neuronal. O autor optou por construir a sua rede diretamente a partir de componentes eletrônicos, em vez de simular num computador.

As ligações entre os neurônios são descritas por uma "matriz de ligações". Essa matriz contém informação sobre a força de ligação "sináptica" de todos os neurônios conectados.

Quando fazia funcionar a sua rede, Hopfield observou que esta assumia propriedades notáveis. Nomeadamente, tornava-se capaz de aprender; além disso, verificava-se que as "memórias" eram distribuídas por toda a rede, e não apenas por uma zona localizada.

Para explicar o comportamento dinâmico da rede, Hopfield usou o conceito de «ponto-fixo». A informação que existe na rede distribui-se por uma superfície com N dimensões (em que N é o número de neurônios da rede). Contudo, para melhor esclarecimento, talvez seja útil propor uma analogia para compreendermos mais facilmente os conceitos que serão referidos a seguir. Podemos ver um ponto fixo como o ralo de uma bacia, para onde escorre a água. A água escorre para lá, porque é o ponto mais baixo da bacia. Numa rede neuronal, a água é o estado do sistema e o ponto fixo é o estado para onde a sua dinâmica tende preferencialmente.

Como os pontos fixos exercem uma atração sobre os estados do sistema, diz-se que são "atratores". Denominados «bacia de atração" de um ponto fixo a toda a área cujos estados tendem para esse ponto fixo.

A matriz de ligações contém a informação necessária para modelar a superfície do espaço multidimensional da rede, especificando todas as bacias de atração que aí existem. Essa matriz modifica-se com a aprendizagem da rede, uma vez que a sua superfície N-dimensional está sujeita a constantes mutações, logo é na posição do ponto fixo que reside a informação aprendida pela rede.

Durante o treino da rede, em que se pretende aumentar a sua aprendizagem, o que ocorre é que a matriz de ligações é sucessivamente modificada de forma que as bacias de atração sejam cada vez mais fundas, impedindo assim que a informação escape.

A informação que foge das bacias de atração dos pontos fixos constitui a fonte de erro da rede. É por isso que quanto mais fundas forem as bacias de atração, mais precisas serão as respostas da rede.

Há dois fenômenos interessantes a notar nas redes descritas por Hopfield, são estes: a redundância e o esgotamento. Verifica-se que quando se descativa uma parte da rede esta não perde nenhum dos dados que contém, uma vez que estes estão uniformemente distribuídos.

Constata-se também que se a quantidade de dados ultrapassar os limites de armazenamento da rede dá-se um fenômeno de diluição entre os novos dados e os dados pré-existentes. Não pretendendo ser um modelo diretamente extrapolável para os fenômenos cerebrais, não restam dúvidas de que existem certos paralelismos.

Também interessante é o fenômeno de «idée fixe» ou obsessão, que ocorre quando a bacia de atração de um ponto fixo se torna de tal forma larga e profunda que todas as outras bacias escorrem para lá. Quando isso acontece, a rede tende a produzir sempre a mesma resposta, quaisquer que sejam os dados de entrada. Por isso, um dos pressupostos das redes de Hopfield é o de que as ligações neuronais são simétricas, i.e., as ligações de entrada do neurônio têm o mesmo peso que as suas ligações de saída.

Numa extensão das redes de Hopfield, em que podemos considerar a existência de duas partes de uma rede neuronal, uma simétrica (rede mestra) e outra assimétrica (rede serva), conseguiram melhores resultados de aprendizagem. Neste tipo de rede, a parte simétrica funciona como programadora da parte assimétrica.

É interessante verificar como o comportamento das redes de Hopfield tem muitas semelhanças com fenômenos neurofisiológicos. O reconhecimento de padrões olfativos, por exemplo, implica uma atividade coletiva dos neurônios do bolbo olfativo. Constatou-se que essa atividade partilha muitas propriedades com as observadas nas redes de Hopfield.

Segunda "Primavera": 1986-final da década de 1990

A obra "Perceptrons", de Minsky e Papert (1969), teve um grande impacto, e levou ao cancelamento generalizado do financiamento da investigação baseada em redes neuronais. Este período ficou conhecido como o "primeiro inverno" das redes neuronais.

O desinteresse e o desinvestimento duraram até meados da década de 80, altura em que David Rumelhart, Ronald Williams e Geoffrey Hinton (entre outros) publicaram a obra "Parallel Distributed Processing". Os dois volumes desta obra, juntamente com o livro "Neurocomputing: Foundations of Research", editado por James Anderson e Edward Rosenfeld, tiveram um impacto gigantesco, e foram, em grande parte, responsáveis pelo segundo renascimento do conexionismo e da investigação com redes neuronais, que durou até o final da década de 1990.

No contexto desta obra, um dos artigos mais importantes, escrito por Hinton em 1986, com David Rumelhart e Ronald Williams (Vid. Bibliografia) intitulado "*Learning Internal Representations by Back-propagating Error*" foi extremamente inovador. Nele era apresentado um algoritmo, desenvolvido por Paul Werbos em 1974, que permitia a aprendizagem eficaz de representações internas por uma rede neuronal.

Apesar de o algoritmo da retropropagação ter sido descrito mais de dez anos antes (em 1974, por Paul Werbos), quando Hinton, Rumelhart e Williams (1986) o aplicaram numa situação prática de aprendizagem, ele foi redescoberto em vários centros de investigação ao mesmo tempo. Tal fato aconteceu pelo imperativo urgente de se encontrar um método de otimização da aprendizagem de redes.

Uma das características mais impressionantes do cérebro humano, considerava Hinton já em 1986, é a sua capacidade para aprender sem que para isso seja necessário fornecer-lhe instruções explícitas de alguma espécie.

Existem muitas teorias acerca da forma como o cérebro processa a informação. A construção de modelos artificiais de redes neuronais serve, também, para contrastar algumas dessas teorias. Assim é que quando construímos uma rede devemos é necessário debater quais as características essenciais dos neurônios e das suas interligações. Depois, é preciso criar um programa de computador com vista à simulação das características propostas. Logo, o conhecimento que temos dos neurônios é incompleto. Também o poder de computação de que dispomos é limitado.

Como vimos no primeiro texto introdutório, o número de neurônios do nosso cérebro situa-se algures entre 10 ^ 11 e 10 ^ 12, cada um com milhares de interligações. Por muito impressionados que possamos estar com as «proezas» dos computadores artificiais atuais, é bom termos sempre de reserva a humildade que nos permite superar as vertigens do abismo computador/cérebro.

Todos os modelos neuronais, diz-nos Hinton, são uma mera aproximação grosseira da realidade, i.e., das redes de neurônios biológicas. Ainda assim, estes modelos nos ajudam a compreender como logra o cérebro realizar tarefas baseadas numa atividade autodidática.

Um neurônio típico do cérebro humano recolhe sinais procedentes de outros neurônios através de um conjunto de estruturas dendríticas. A emissão das respostas é feita através dos axônios, que podem ramificar-se numa miríade de subligações.

A aprendizagem é produzida pela variação da efetividade das sinapses.

As redes de neurônios artificiais são compostas por "unidades" interligadas. Cada sinapse tem um determinado peso, que é modificável. Cada unidade converte a atividade total das ligações aferentes num *número* único. Se esse número for maior do que o *limiar de resposta* daquela unidade, então produz uma atividade que é comunicada às ligações eferentes.

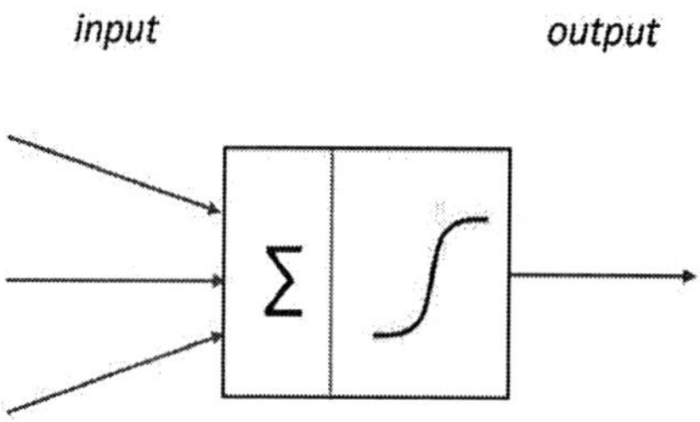

Figura 31. Representação idealizada de um neurônio e da sua estrutura funcional de comunicação. O neurônio soma (∑) todos os inputs que recebe, e responde com um valor que é o resultado da aplicação de uma "função de ativação" a essa soma (na imagem, mostra-se o gráfico típico de uma função de ativação: a função sigmoide.)

A conversão da informação que chega ao neurônio pelas unidades aferentes faz-se em duas etapas. Em primeiro lugar, cada atividade aferente é multiplicada por um coeficiente de ponderação (ou «peso»). A soma de toda a atividade comunicada pelas unidades aferentes constitui a «entrada total ponderada». Em segundo lugar, o neurônio produz uma resposta, que resulta da transformação da entrada total numa atividade de saída.

É possível fazer variar o comportamento das redes neuronais artificiais através da modificação dos coeficientes de ponderação e do tipo de função de transferência empregada.

A função de transferência pode ser enquadrada em um de três tipos: linear, umbral ou sigmoide. As funções de tipo sigmoide são aquelas que mais se aproximam de uma descrição do comportamento real dos neurônios biológicos. De qualquer modo, é importante saber que qualquer uma delas é apenas uma aproximação grosseira.

O tipo de rede mais comum organiza-se estruturalmente em três níveis. Existe um nível das unidades de entrada, que comunica com o nível intermédio das unidades ocultas,que, por sua vez, são ligadas ao nível das unidades de saída.

As unidades de entrada recebem a informação «bruta» que é subministrada à rede. A atividade de cada unidade oculta é determinada pelas unidades de entrada e pelos pesos das conexões entre si e as unidades de entrada. Da mesma forma, a atividade das unidades de saída é determinada pelas ligações entre elas e as unidades ocultas, assim como pelo próprio nível de atividade das unidades ocultas.

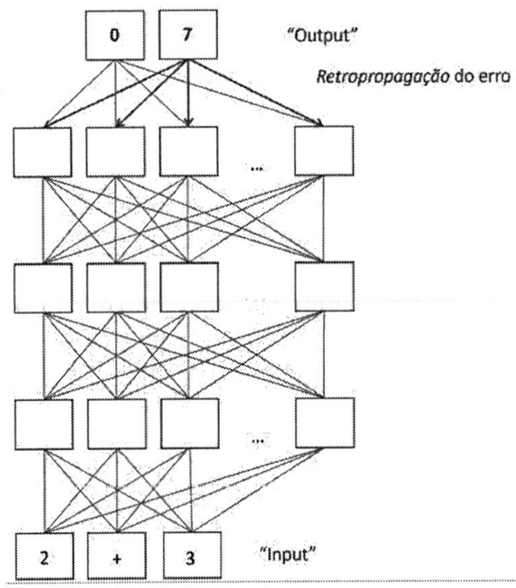

Figura 32. O valor "7" representa uma sobre-excitação do neurônio. Significa que as ligações deste neurônio, até ao input, estão demasiadas "fortes". Através do algoritmo de propagação retrograde de erro, é dado um sinal para essas ligações ficarem ligeiramente mais fracas, até que a resposta deste neurônio seja "5" ao input "2+3".

O grande interesse deste tipo de rede advém das unidades ocultas, que têm liberdade para construir as suas próprias representações da entrada.

Hinton dá o exemplo de uma tarefa específica: suponhamos que queríamos ensinar uma rede a reconhecer escrita manual. É sugerido um de muitos procedimentos possíveis. Assim, o autor constrói uma rede em que a atividade de uma matriz de sensores de dezesseis por dezesseis (num total de 256 sensores) recebe os dados de uma dada região e codifica-os. A rede proposta tem, assim, 256 unidades de entrada. Logo, o número de unidades de saída é de dez, de modo a que cada unidade corresponda a um dígito. O número de unidades ocultas não é especificado.

Inicialmente, as respostas são ao acaso. Quer dizer, existe uma discrepância entre a atividade produzida pela rede e a atividade desejada. Para que a resposta da rede se aproxime cada vez mais daquela que nós pretendemos, é preciso modificar cada peso da rede, de modo a que todas as ligações sejam otimizadas para a tarefa em questão.

Cada peso, ao ser modificado, interfere de maneira diferente na variação do erro da rede, i.e., nem todos os pesos têm a mesma importância. Por essa razão, "a magnitude da modificação de cada peso deve ser proporcional à taxa relativa da variação do erro respectivamente à variação desse peso" (Hinton, 1991). Este conceito não é apenas difícil de compreender e expor verbalmente: ele envolve o cálculo de derivadas e, como Hinton nos diz, é difícil de calcular.

O método usado para aplicar este procedimento de ajuste das ligações de uma rede de neurônios apareceu primeiro descrito na tese de doutoramento de Paul Werbos (1974).

Este procedimento chama-se *retropropagação* (ou propagação retrógrada, que em Inglês se costuma abreviar por "*backprop*"). Designa-se assim por se basear no ajustamento dos pesos da rede no sentido contrário ao da circulação da informação até atingir uma resposta adequada. Tira-se partido da matriz de conectividade de modo a saber quais são as unidades ocultas e de entrada que estão ligadas a uma unidade de saída, cuja resposta se pretende corrigir. Suponhamos que uma dada unidade de resposta, unidade-R, produz "7" quando se pretendia que ela produzisse "5". Seria necessário ir corrigindo todos os pesos da rede que estão implicados na resposta de unidade-R, diminuindo-os até se obter "5". Note-se que "7" e "5" não têm, necessariamente, que corresponder a quantidades. Podíamos escrever "X" e "Z", "#" e "&", ou quaisquer outros símbolos, desde que seja possível estabelecer uma relação de grandeza entre eles. O importante é que o programa que controla a rede *saiba* que, se estiver a ser produzida uma resposta "7" quando se pretende "5", é necessário atenuar o sinal que chega à unidade.

Até o momento de se obter a resposta pretendida, é preciso ir reduzindo o fator de ajustamento dos pesos da rede, i.e., a rapidez de variação dos pesos em cada ensaio. Isto porque a rede não passa discretamente de "7" para "5". Imaginemos que o fator de ajustamento dos pesos da rede é 2. Ao procurar passar da resposta inicial ("7") para a resposta desejada ("5"), a rede irá fazer ajustes sucessivos até que a resposta produzida se situe cada vez mais no intervalo "4" a "6". Ao reduzir-se o fator de ajustamento para 1, a rede acabará *provavelmente* por produzir a resposta desejada, "5". Diz-se "provavelmente" porque as redes tendem a ser sistemas complexos e, muitas vezes, o caos é determinante na sua dinâmica.

Na verdade, o exemplo anterior é uma simplificação, como se pode apreender de uma leitura atenta. O peso do fator de ajustamento não está tão obviamente relacionado com a resposta produzida. Além disso, entre "5" e "7" não há, necessariamente, uma diferença de duas unidades. De qualquer forma, é um bom exemplo para começar a compreender o procedimento exposto neste artigo, que é um dos mais importantes - ou talvez mesmo *o* mais importante - do conexionismo atual.

O grande interesse do algoritmo de retropropagação tem a ver com o fato de ele ser surpreendentemente eficaz no treino de redes com vários níveis e, em especial, daquelas que possuem uma ou mais camadas de unidades ocultas. Podemos mesmo arriscar-nos a dizer que o renascimento no conexionismo foi possível graças a este procedimento, uma vez que passou a haver um método suficientemente bom para treinar redes cuja complexidade é de várias ordens de magnitude superior às sugeridas pelo primeiro conexionismo.

Nestas redes, as unidades ocultas produzem representações internas dos dados que são fornecidos em nível de entrada. Para que o algoritmo seja eficaz é preciso que a rede esteja num meio rico em estímulos ambientais.

Os investigadores têm conseguido conceber redes capazes de reconhecer dígitos manuscritos ou prever taxas cambiais, com redes deste tipo, como curiosidade, refira-se que a Bolsa de Valores de Nova Iorque tem feito uso deste procedimento para ajudar os corretores. Um outro exemplo, menos economicista, é a aplicação das redes neuronais artificiais na área da deteção de células pré-cancerosas.

Uma crítica que foi, desde o início apresentada ao algoritmo da retropropagação tem a ver com a *alegada* discrepância do modelo com as redes de neurônios biológicos. A contestação que foi feita ao modelo baseia-se na crença de que, nas redes biológicas, a informação nunca circula em sentido contrário. O próprio Hinton reconhece essa objeção, mas afirma que ela não deve ser sobrestimada. Este investigador alerta-nos para o fato de o cérebro ser muito rico em redes e que é perfeitamente plausível que existam circuitos de realimentação em cada rede. Quer dizer, no cérebro não é preciso que a informação circule em sentido contrário através da própria rede, uma vez que aí se pode dar ao luxo de usar redes de suporte cuja única finalidade pode ser reconduzir a informação em nível de entrada, até que se obtenha uma resposta satisfatória.

A prova de que existem ligações estreitas entre o procedimento da propagação retrógrada e o funcionamento do cérebro pode ser encontrada nos trabalhos de autores como Richard Andersen (MIT) e David Zipser (UCSD). Esses cientistas demonstraram que a atividade de neurônios que, no cérebro, recebem e transformam a informação da retina, é muito semelhante à das unidades artificiais ocultas.

Outra grande critica que os investigadores fizeram prende-se com a ideia de que as redes deste tipo tendem a produzir respostas que se adequam bem a um contexto local, mas que não são generalizáveis: i.e., globalmente tenderiam a ser inúteis.

O que se veio a verificar é que, contrariamente ao que se supunha, não é necessário que os resultados globais sejam muito bons para que a rede tenha um funcionamento adequado.

As pessoas que tentarem usar um programa para simulação de redes de neurônios em computadores poderão constatar uma outra objeção ao algoritmo de retropropagação: a velocidade com que a rede aprende depende de forma inversa e exponencial com o tamanho da rede (em especial com o número de camadas, e - estritamente - com o número de ligações) bem como com a *finura* da aprendizagem desejada.

Dizer que o tempo que a rede demora a realizar uma tarefa cresce exponencialmente é o mesmo que dizer que ele aumenta muito mais depressa do que o tamanho da rede. Isto constitui uma limitação do procedimento, em particular na sua extensão a redes cujo número de ligações seja comparável às que existem no cérebro.

É importante demorar-nos um pouco neste pormenor para refletir um pouco sobre o que já apresentamos, uma vez que o problema de saber se existe ou não um método mais eficaz para lidar com redes muito complexas é crucial. Está em jogo saber se existe a possibilidade de simplificar a organização do cérebro humano, mantendo funcional uma estrutura que permita a emergência da mente humana.

A questão, posta a nu é: será que o cérebro humano só pode ser imitado por ele mesmo?

Compreende-se a importância desta questão se atendermos ao fato de que o conexionismo considera a mente como resultante das propriedades emergentes de uma rede. Se não for possível conceber um desenho mais eficaz para as estruturas cerebrais do que aquelas que a lotaria da natureza e da evolução criou, então haverá de se esperar até que algum dia, eventualmente, a tecnologia nos permita simular 10 ^ 15 ligações neuronais em escassos milissegundos. É das poucas vezes que não faz muito sentido esperar que nos saia a lotaria.

Uma vez que o cérebro é uma estrutura circular, em que não se pode falar claramente de níveis de entrada e de saída independentes, é razoável acalentar esperanças de usar procedimentos de aprendizagem mais simples do que o da propagação retrógrada de erro. Hinton sugere até que a circulação da informação na rede pode ser ela própria uma forma de temporizar a sua atividade e, também, de lograr um comportamento sequencial sincronizado. Continuando a exposição do artigo de Hinton, é de ressaltar um outro aspecto em que se espelha outro problema por resolver pelos modelos conexionistas. De fato, nós aprendemos espontaneamente, sem que seja necessário constantemente apresentar-nos exemplos. A grande questão é a de se saber como pode uma rede artificial ser proativa, carecendo de conhecimentos e de professor.

Para ensinar redes a reconhecer padrões novos, os investigadores têm sugerido a utilização de proto-conceitos de qualidade. Por exemplo, no reconhecimento de uma face, não é necessário ter em conta todas as faces de um conjunto aprendido previamente, bastando apenas que exista uma descrição geral mínima dos elementos que constituem uma face e a sua localização aproximada numa imagem.

O objetivo é conseguir um procedimento de aprendizagem não supervisionada, pois nesses processoss, há um papel fundamental que é o de conseguir que a rede produza em nível de saída uma aproximação da informação apresentada ao nível de entrada. Para isso, fazem-se competir as unidades ocultas da rede, de modo que seja selecionada a configuração mais adequada, ao longo de aproximações sucessivas. A isto chama-se «aprendizagem competitiva».

A grande dicotomia que tem dividido os autores nesta área tem sido a do caráter totalmente distribuído, ou mais localizado da informação na rede. De modo a atingir uma maior economia de codificação, usaram-se métodos cujo resultado final acabou por ser a menor flexibilidade da rede, devido a um tratamento mais localizado da informação.

A revolução do "deep learning" (2012-atualidade)

Durante mais de dez anos, entre o final da década de 1990 e 2012, os modelos baseados em redes neuronais foram relegados para segundo plano, e tinham uma aceitação bastante difícil na comunidade científica.

O próprio Geoffrey Hinton viu trabalhos seus recusados em conferências de topo na área da Inteligência Artificial porque já existia um ou dois trabalhos baseados em redes neuronais, e os organizadores achavam que seria demais ter mais o trabalho de Hinton, pois seriam já "demasiados" trabalhos com este tipo de metodologia.

No entanto, em 2012, a precisão máxima numa tarefa baseada no reconhecimento de imagens (usando a base de dados "ImageNet"), passou de 74.3% para 82.6%, um salto que há muito não se verificava neste tipo de tarefa, e que resultou da aplicação de uma rede neuronal "profunda" (Hinton, 2012). O termo "deep learning" ou "aprendizagem profunda" começou a ser usado para salientar que a grande diferença destes modelos, em relação às redes neuronais usadas nas décadas de 80 e 90, era a inclusão de mais camadas, entre o nível de entrada ("input") e o nível de saída ("output").

Na prática, as redes continuam a funcionar da mesma maneira, e o algoritmo da retropropagação, popularizado nos anos 80, continua a ser o centro do funcionamento destas novas redes.

O que aconteceu, na prática, foi que a simples evolução do hardware dos computadores, e especialmente a introdução de placas gráficas (GPU's) que são capazes de acelerar dramaticamente os cálculos de modelos com redes neuronais, fez com que as limitações que tinham levado a um desempenho ruim no passado fossem grandemente superadas.

Desde 2012 que todos os melhores modelos para visão por computador são baseados em técnicas de *deep learning.*

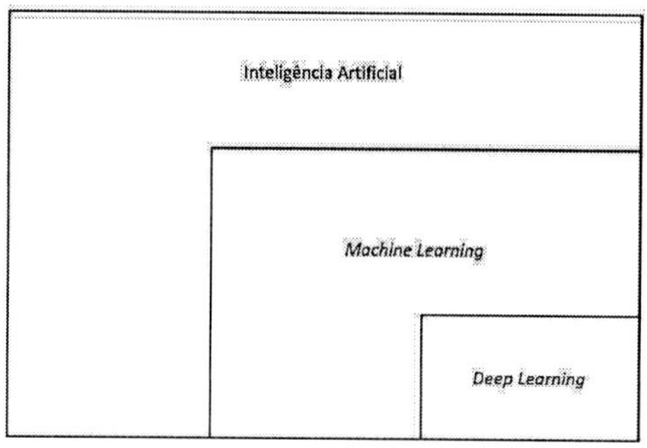

Figura 33. Contextualização dos modelos baseados em redes neuronais profundas ("deep learning"), no âmbito da Inteligência Artificial e da aprendizagem de máquina ("machine learning").

Também no que diz respeito aos modelos para processamento de língua natural (e.g. interpretar frases escritas por utilizadores do Twitter), cada vez mais as redes neuronais profundas são utilizadas.

A razão pela qual a adoção das redes neuronais profundas ter sido tão rápida é que elas oferecem a melhor performance para um grande número de problemas. Mas essa razão não é única: na verdade, as redes neuronais profundas automatizam de uma forma bastante grande a resolução de problemas.

Por exemplo, deixou de ser necessário fazer anotações manuais para ajudar as máquinas a interpretarem língua natural ou imagens. Essas tarefas, conhecidas como "*feature engineering*", ocupavam uma boa parte do tempo de todas as pessoas que pretendiam aplicar técnicas de *machine learning,* antes do aparecimento das redes neuronais profundas.

O uso de redes neurais com muitas camadas entre as unidades de entrada ("*input*") e as unidades de saída ("*output*") é muito mais do que apenas juntar redes neuronais com uma simples camada intermédia. Isto acontece porque nas redes profundas dá-se a aprendizagem de características cada vez mais complexas/gerais à medida que a informação percorre a rede, desde os níveis elementares, próximos do input, até aos níveis mais elaborados, próximo do output.

Como já nos referimos (mas, importa enfatizar), outro fator que tem contribuído muito para a disseminação das redes neuronais profundas é a democratização das ferramentas disponíveis para desenvolvimento deste tipo de modelos. Isso é válido quer pelo novo hardware (GPU's), quer pela disponibilização de bibliotecas de acesso livre e gratuito, que qualquer pessoa pode utilizar.

O fato de a linguagem de eleição nesta área ser o Python também contribui muito para a vulgarização da aprendizagem profunda, uma vez que esta linguagem é simples, e permite o desenvolvimento ou adaptação de modelos de uma forma bastante fácil e interativa.

Por exemplo, graças à disponibilização de plataformas como a "Google Colab" qualquer pessoa tem acesso a Hardware bastante dispendioso de uma forma gratuita, usando comandos de Python simples.

Graças ao aparecimento de bibliotecas como a "Keras" (inicialmente desenvolvida por François Chollet), é possível definir um modelo totalmente funcional em meia dúzia de linhas simples de código. Bibliotecas como a Keras permitem ainda que o utilizador consiga adaptar uma rede com performance em nível do "estado da arte" para um problema que ele ou a sua organização esteja enfrentando num determinado momento.

As técnicas de aprendizagem profunda permitem que uma rede neuronal aprenda diretamente a partir dos padrões que existem em dados (tais como imagens, vídeos ou textos), sem ser necessário a intervenção de pessoas especializadas num determinado domínio.

Por exemplo, em tarefas de reconhecimento facial as redes profundas podem aprender a forma como os pontos de uma imagem criam linhas e formas, e como essas linhas e essas formas criam características faciais que, por sua vez são usadas para aprender a reconhecer faces.

Por exemplo, um modelo muito usado em reconhecimento visual chamado a rede neuronal convolucional ("*Convolutional Neural Network*" ou "*CNN*"), pode ser, por exemplo, treinada com um grande número de imagens: na ordem dos milhões de imagens diferentes. Modelo este que é muito usado em reconhecimento visual.

Se essas imagens contiverem gatos (por exemplo), a rede aprenderá a reconhecer tudo o que ajuda a identificar um gato: desde a forma como pontos individuais podem indicar que estamos perante uma linha correspondente a um bigode, até ao modo como os olhos dos gatos se posicionam em relação à boca e às orelhas.

Estas redes convolucionais têm ainda a propriedade de não serem afetadas quando os objetos a reconhecer mudam de posição no espaço: a performance alcançada com redes deste tipo rivaliza, ou ultrapassa mesmo, as capacidades humanas em muitas tarefas, especialmente a nível do reconhecimento visual de objetos.

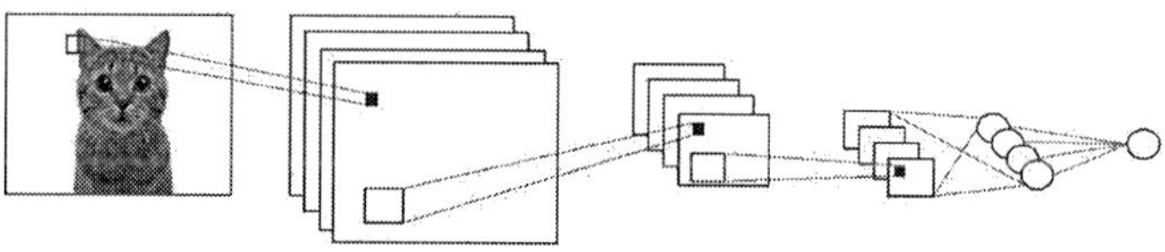

Figura 34. Representação de uma rede neuronal convolucional ("CNN", ou "Convolutional Neural Network").

A arquitetura das redes neuronais convolucionais inspira-se na forma como os neurônios do córtex visual humano apenas reagem a estímulos contidos numa parte do campo visual: os neurônios do cérebro têm um campo receptivo e há uma coleção desses campos que se sobrepõe de forma a cobrir toda a área visual.

Como foi referido na seção introdutória sobre *deep learning*, redes deste tipo podem ser aplicadas em áreas muito diversas que vão desde o reconhecimento de faces e objetos até à publicidade, ou à pesquisa de informação em documentos manuscritos.

Outro tipo de redes neuronais que tem ganhado grande relevo na resolução de problemas de *machine learning* difíceis são as redes neuronais recorrentes, que se caracterizam por o seu output das células num instante anterior e voltar a entrar na rede no instante seguinte (daí o termo "recorrente"). Na Figura 35 apresenta-se um esquema de uma rede deste tipo.

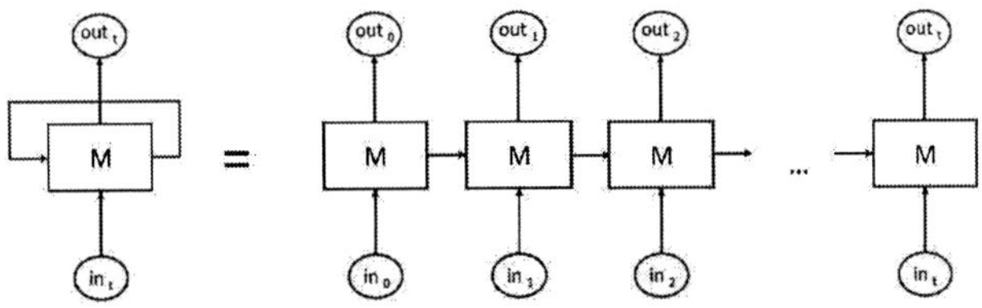

Figura 35. Representação de uma rede neuronal recorrente ("RNN", ou "Recurrent Neural Network"). O output do instante anterior reentra na rede no instante seguinte, pelo que na prática é como se a rede tivesse tantas camadas como o número de instantes que está a processar num determinado momento. Estas redes têm aplicações no processamento de sequências temporais, linguagem, etc. O tipo mais importante dessas redes neuronais chama-se "Long Short Term Memory" (abreviando-se como "LSTM").

Para ultrapassar o problema das redes neuronais recorrentes sem memória, Hochreiter e Schmiduber (1997) propuseram um novo tipo de rede, que chamaram de "*Long Short Term Memory*" ("LSTM"), ou rede com "memória de longo curto prazo".

As redes do tipo LSTM permitem processos de feedback, mas, também, permitem manter o estado atual da rede em memória. No interior de uma rede LSTM, a excitação dos neurônios ocorre em ciclos, e a rede pode manter um estado durante o tempo que for necessário. O fato de estas redes terem memória, permite-lhes aprender e generalizar sequências completas de inputs, em vez de apenas processarem padrões estáticos.

Até o início da década de 2010 existia um problema em aberto que estava subjacente ao "Inverno" em que área de investigação das redes neuronais enfrentava desde o final dos anos 80. Esse problema tinha o nome de "vanishing gradient problem", ou "problema do gradiente que desaparece".

Tal problema acontece quando as redes são muito profundas e é necessário propagar o erro que se obteve no resultado por todas as camadas de rede até chegar ao nível do "input".

Por exemplo, na rede da Figura 36 é necessário enfraquecer todas as ligações do neurônio que está a produzir o resultado "7" até as camadas inferiores situadas perto do input "2 + 3". Se o valor que tivéssemos a obter fosse "5" (o valor certo), não seria necessário atualizar os pesos da rede. Por outro lado, se o valor fosse "3" seria necessário fortalecer as ligações desse neurônio até ao nível de entrada, de maneira que a resposta se aproximasse cada vez mais do valor desejado.

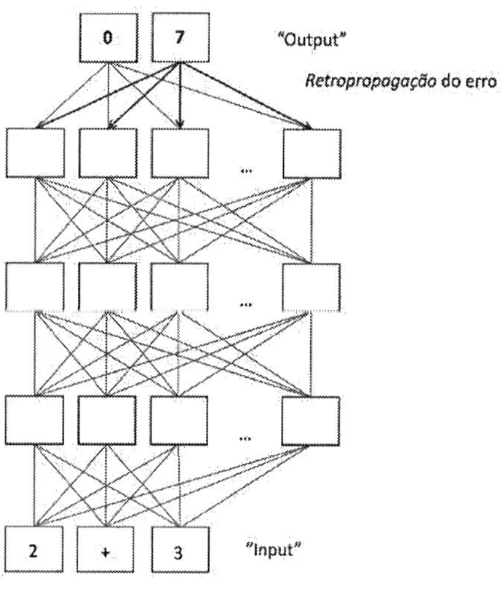

Figura 36. O erro é detetado quando a rede produz uma resposta para um input. Quando se verifica o erro, ele é "retropropagado" por todos os níveis da rede até chegar ao "input". O problema do gradiente que desaparece acontecia, nas redes neuronais usadas até cerca de 2010, porque à medida que nos afastávamos dos níveis de "output", o sinal do erro vai ficando cada vez mais fraco. Quando estamos perto do "input", se a rede fosse muito profunda, o sinal podia ser praticamente zero.

A dificuldade com este processo é que, devido ao problema do "gradiente que desaparece", a atualização das ligações situadas longe do local onde o erro é detectado é muito fraca, assim, o erro vai sendo atenuado à medida que a profundidade da rede aumenta.

Esta dificuldade de atualização dos pesos de uma rede com muitas camadas foi um dos dois principais fatores que travaram o desenvolvimento das redes neuronais profundas. O segundo fator era a inexistência de computadores suficientemente potentes para processar todos os parâmetros que estas redes com muitas camadas têm.

Acontece que, como podemos ver pela imagem da Figura 36, as redes recorrentes podem ser encaradas como um tipo de rede com grande profunidade, pois cada instante temporal constitui uma camada da rede. Uma rede que venha a processar uma sequência de dez palavras numa frase, por exemplo, terá dez camadas de profundidade (uma por cada palavra). Isso faz com que a influência das primeiras palavras na compreensão das últimas palavras se torne muito fraca, caso não houvesse um mecanismo para controlar o problema do gradiente que desaparece.

Ao permitirem manter a informação em memória durante o tempo que for necessário, as redes LTSM conseguem ultrapassar este problema.
Na Figura 37 apresenta-se uma representação esquemática de uma unidade de uma rede de tipo LSTM.

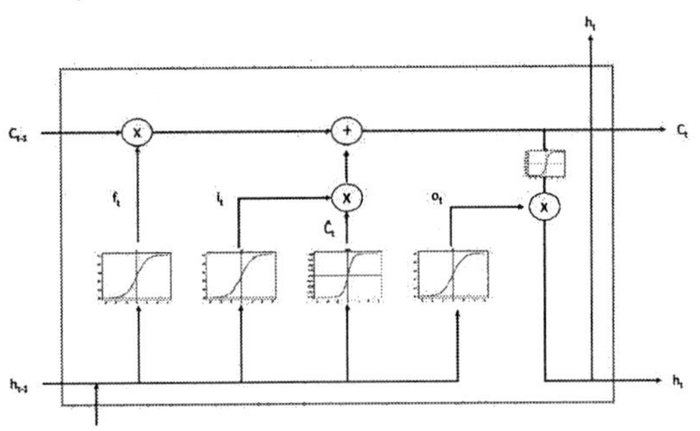

Figura 37

Figura 37. A chave das redes do tipo LSTM é a possibilidade de conservarem o seu estado (representado por "C_t"). A rede pega no output da célula anterior ("h_{t-1}") e no input que está a receber no instante atual ("x_t"), e produz um valor entre 0 e 1. Se o valor estiver perto de 0, a função de esquecimento ("f_t") é ativada. O próximo passo consiste em decidir que informação será armazenada na célula, através da atuação conjunta do "input gate" ("i_t") e da função "tanh", que cria novos valores possíveis a serem armazenados. A partir daí, gera-se um novo estado da célula ("C_t"). Tal como se pode ver na imagem, a fórmula para obter esse estado é $C_t = f_t * C_{t-1} + i_t * \hat{C}t$

Com a possibilidade de reterem a informação do início de uma sequência, que tanto pode ter desde alguns poucos elementos, até muitos milhões, e de usarem essa informação em qualquer estádio posterior de processamento dessa mesma sequência, estas redes permitem compreender fala, interpretar o sentimento dos clientes que escrevem críticas num site de vendas online, ou escrever notas musicais com base em sequências de notas escritas por compositores famosos.

Atualmente existem muitos tipos de redes profundas, mas as redes convolucionais e as redes recorrentes de tipo LSTM foram responsáveis por uma boa parte do impacto da revolução da Inteligência Artificial nas nossas vidas.

Mas, o futuro ainda mal começou. Quem sabe até onde a Inteligência Artificial baseada em redes neuronais profundas poderá ir, com todas as novas arquiteturas que estão em desenvolvimento nos melhores laboratórios de todo o mundo, com financiamentos bilionários, e com um potencial de aplicações que ainda mal começamos a descobrir.

Certo é que a atual revolução do *deep learning* tem como base os avanços registrados ao nível do *hardware* dos computadores e também o aperfeiçoamento de algoritmos que já eram conhecidos há muito tempo.
Neste texto procurou-se dar conta da história que nos trouxe até aqui, assim como apresentar de forma sucinta os princípios por detrás do funcionamento das redes neurais profundas.

Como se mostrou, a tecnologia camuflou-se durante muitas décadas, longe do olhar do grande público e até marginalizada pela generalidade da comunidade científica. Surge agora, no espaço de menos de dez anos, de uma forma que poucos previam. Praticamente todos os sistemas de Inteligência Artificial que estão causando um grande impacto na indústria, e na vida de todos nós, são baseados em redes neurais profundas.

Não deixa de ser empolgante pensar onde esta tecnologia nos poderá levar, tendo em conta os avanços que se registaram nos últimos anos, e o ritmo e intensidade da investigação que se faz em torno dela.

As aplicações, que vão desde a medicina até as mais variadas indústrias (desde a automóvel até ao entretenimento), são praticamente infinitas e muitas estão ainda por descobrir.

Cabe agora aos principais atores de cada uma das áreas de atividade tirar proveito do poder das redes neurais profundas para assim ganhar uma vantagem competitiva, e para produzirem mais e melhores produtos e serviços.

Referências Principais:

Anderson, J. A., & Rosenfeld, E. (Eds.). (1988). *Neurocomputing: Foundations of research*. Cambridge, MA, US: The MIT Press.

Hinton, G., McClelland, J., & Rumelhart (1986). Distributed representations. In *Parallel distributed processing: explorations in the microstructure of cognition, vol. 1*, David E. Rumelhart, James L. McClelland, and CORPORATE PDP Research Group (Eds.). MIT Press, Cambridge, MA, USA 77-109.

Hochreiter, S., & Schmidhuber, J. (1997). Long short-term memory. *Neural Computation*, 9(8), 1735-1780.

Hopfield, J. (1982). Neural networks and physical systems with emergent collective computational abilities. *Proceedings of the National Academy of Sciences of the United States of America*, 79, 2554-2558.

Krizhevsky, A., Sutskever, I., and Hinton, G. (2012). ImageNet classification with deep convolutional neural networks. *Advances in Neural Information Processing Systems 25 (NIPS'2012)*.

Minsky, M., & Papert, S. (1969). *Perceptrons*. Oxford, England: M.I.T. Press.
Rumelhart, D.E., McClelland, J.L., the PDP Research Group (1986). *Parallel distributed processing: Explorations in the microstructure of cognition*. Cambridge: MIT Press.

Von Neumann, J. (1958). *The Computer and the Brain*. New Haven: Yale University Press

Werbos, P. (1974). Beyond regression: New tools for prediction and analysis in the behavioral sciences. Cambridge: Ph.D. Thesis/Harvard University

Capítulo 12

Inteligência Artificial e Direitos Humanos: uma visão Ética da aplicabilidade da IA nos Direitos à Locomoção, à Intimidade e à Saúde.

Ana Luiza Costa

Introdução

Quem nunca se deparou com uma situação de procurar uma cidade ou país na internet e ser surpreendido com janelas oferendo passagens aéreas para o destino procurado enquanto está fazendo outras pesquisas? Ou quem nunca teve a impressão de que o Google "adivinha" o que se está pensando? Ou mesmo saber como o Youtube lhe surpreende criando *playlists* que você mesmo criaria?

Nos últimos dez anos a Inteligência Artificial (IA) saiu da promessa de melhorar a vida das pessoas para criar impactos na sociedade em diferentes campos de atuação da vida real. A contemporaneidade trouxe consigo um novo conceito para a Inteligência Artificial (IA), que outrora era reconhecida apenas nos filmes de ficção científica, deixando de ser apenas discutido como sendo "a Era dos robôs", sendo elevados para discussões nos mais altos níveis da academia, indústria e governo, bem como sendo facilmente reconhecida, como por exemplo, os carros que prometem estacionar sozinhos, e em tecnologia como a da Siri da Apple e o Spotify.

Muitas dessas discussões evidenciam que o uso da Inteligência Artificial e das técnicas de aprendizado de máquina têm o potencial de efetuar mudanças revolucionárias no mundo, fazendo-se presente em muitos tipos de negócios e nas vidas das pessoas por meio de ferramentas que facilitam suas decisões. Como dito anteriormente, a utilização de robôs, e o conceito de máquinas pensantes eram tidas como uma realidade muito distante, "futurística". Quem nunca ouviu a expressão "os robôs vão dominar o mundo" ou "os robôs vão se rebelar contra os humanos"? A realidade é que esse avanço tecnológico ainda gera receios sociais, até porque, o que se tinha por Inteligência Artificial eram os roteiros de filmes de ficção científica como em "O exterminador do Futuro", de 1985, onde via de regra os robôs seriam os vilões.

Segundo Hawking (2014), o verdadeiro risco da IA não reside em uma "essência maldosa", mas em sua competência. Um robô dotado de IA pode ser extremamente eficaz em alcançar seus objetivos e, caso esses objetivos não estejam alinhados com os nossos, podemos ter sérios problemas.

Em verdade, a IA já está presente no dia a dia dos indivíduos, como já registrado, a exemplo dos algoritmos de busca do Google, em recomendações de filmes na Netflix ou de música no Spotfy, na recomendação de amigos do Instagram ou LinkedIn, nos smartphones com tecnologia de reconhecimento facial ou biométrico, entre outros.

Seu crescimento exponencial em várias direções tem acelerado o ritmo das inovações de forma contínua, suprindo necessidades da humanidade para o fortalecimento de um futuro mais sustentável e inclusivo. Na prática, o uso da IA vem ocorrendo com sistemas que já permitem veículos no mercado autodirigíeis, sistemas de diagnóstico que determinam com maior precisão um câncer, algoritmos que preveem e classificam comportamentos de alunos que evadem de seus programas educacionais, e até mesmo algoritmos capazes de prever o risco da reincidência de crimes por aqueles já condenados por homicídio. Tudo isso com base em dados brutos e padrões de comportamentos. Diante de tal cenário envolvendo tecnologias disruptivas, o Direito acompanha tamanha inovação, ficando esta evidenciada na utilização de programas de pesquisa jurídica, estratégia de litígios, serviços de atendimento on-line pelos advogados para facilitar a rotina de seus escritórios, entre outros.

Nesse sentido, à medida que a IA cresce, uma gama potencial de questões importantes surge para entender de que forma ela impacta nas relações jurídicas, bem como no que diz respeito ao armazenamento de dados e na proteção deles, entre outras questões.

É cediço que os Direitos Humanos são universais e a sua proteção é estabelecida pela Declaração Universal dos Direitos Humanos, tendo, portanto, seus reflexos além das fronteiras nacionais. Da mesma forma, a IA também se destaca como um fenômeno global como sendo capaz de ajudar a descrever, fazer previsibilidade de eventos e auxiliar na tomada de decisões. Nesse cenário, se destaca a importância do estudo da viabilidade dessa tecnologia nos Direitos Humanos.

É visível que essa realidade que outrora era tida como "um futuro distante", já está acontecendo, o que ensejou a criação de documentos importantes como, por exemplo, a *Toronto Declaration on Protecting the Rights to Equality and Non-Discrimination in Machine Learning Systems* ("Toronto Declaration"), em 2018, que tem a finalidade de reconhecer que a IA pode, por fim, auxiliar a promoção dos Direitos Humanos, e ainda reconhece que o aprendizado das máquinas também tem potencial para gerar discriminação individual ou em grupo de pessoas, servindo de mecanismo de reparação para aqueles afetados adversamente por essa tecnologia.

Ainda em âmbito internacional, destaca-se também a *Global Affairs Canada's Draft Strategy*, que trata basicamente dos Direitos Humanos e da Política Externa de aplicações a IA fazendo análise de como essa tecnologia vai impactar nos direitos à igualdade, privacidade, liberdade de expressão e outros.

No Brasil, destaca-se sobre o tema a Lei Geral de Proteção de Dados (LGPD), Lei nº 13.709/2018, que tutela a proteção dos dados pessoais dos cidadãos, estabelecendo a hipótese de coleta desses dados, e tem como princípios balizadores o respeito à privacidade, a liberdade de expressão, respeito à honra e à imagem, do desenvolvimento econômico e tecnológico, entre outros.

Outro ponto interessante a ser tratado é acerca da visão ética da aplicabilidade dessa Inteligência Artificial nos Direitos Humanos, bem como a responsabilidade civil desses sistemas que, querendo ou não, a sua aplicabilidade pode causar danos aos seus usuários.

Ampliando essa temática Inteligência Artificial nos Direitos Humanos, verifica-se que não se trata de apenas um direito, e sim do conjunto de direitos que garantem a dignidade humana, sendo elencado como Direitos Humanos, o direito à saúde, à educação, à vida, liberdade de expressão, dentre outros. Verificada as multifaces dos Direitos Humanos, ressalta-se particularmente, a viabilidade da aplicação da Inteligência Artificial relacionando-a ao direito à liberdade de locomoção no contexto criminal, no direito à intimidade e ao direito à saúde. Destacam-se esses seguimentos, visto que no direito de locomoção num contexto criminal, esse tem íntima ligação com o fato de o senso comum atribuir os direitos humanos ao direito "dos presos". Com relação ao direito à intimidade, vive-se em uma era digital e não se pode olvidar que a tecnologia é grande aliada desde o trabalho até na promoção das relações interpessoais. Pouco se sabe é se essa tecnologia terá por fim auxiliar ou prejudicar a proteção desse direito. No tocante ao direito à saúde, a aplicação da IA nesse contexto trouxe mudanças significativas nesse segmento.

Embora o crescimento da IA escape aos olhos de muitos, "Existem várias lentes através das quais os especialistas examinam a inteligência artificial. O uso da lei internacional de direitos humanos e de seus padrões e instituições bem desenvolvidos para examinar os sistemas de Inteligência Artificial pode contribuir para as conversas que já estão acontecendo e fornecer um vocabulário universal e fóruns estabelecidos para lidar com os diferenciais de poder" (ACCESS NOW, 2018).

Parece não restar dúvidas de que a IA proporciona uma série de vantagens para a sociedade, no entanto, ela abre algumas janelas nebulosas que precisam vir à tona para as discussões. Entende-se que a IA tem um potencial para ajudar e prejudicar as pessoas, daí a importância de compreender a aplicabilidade da Inteligência Artificial nos Direitos Humanos dentro desses segmentos.

Tal importância dá-se em função da velocidade das mudanças tecnológicas, e pela necessidade de se entender a aplicabilidade e a viabilidade da implantação dessa "nova era" nos Direitos Humanos, em especial nos direitos aqui comentados, visualizados numa perspectiva ética, bem como pela necessidade de responsabilização dessa tecnologia em caso de prejuízo aos seus usuários.

Afinal o que é a Inteligência Artificial?

Muito tem se perguntado acerca do conceito de Inteligência Artificial. Quando isso ocorre, muitas representações **vêm à mente,** essas sempre atreladas **à** ideia de robôs, ou mesmo as tecnologias de identificação de voz dos celulares, como a Siri da Apple.

Bruce G. Buchanan, no livro *Can Machine Learning Offer Anything To Expert Systems?* Entende que a IA é "o conjunto impossivelmente grande de tecnologias, técnicas e aplicativos que se enquadram no âmbito da IA".

Portanto, a verdade é que não se trata de uma tecnologia única, sendo classificada como uma **série de tecnologias que atua em várias aplicações, através de sistemas, ou algoritmos que alimentam bancos de dados para gerar soluções e decisões com base em regras definidas em um domínio específico.**

Já (Stuart Russell e Peter Norving, 1994), autores do livro "*Artificial Intelligence*", sugerem que a IA pode ser dividida nas seguintes categorias: 1) sistemas que pensem como seres humanos; 2) sistemas que agem como seres humanos; 3) sistemas que pensem racionalmente; e 4) sistemas que agem racionalmente.

Compreende-se que não se trata de uma única definição para o que seja a IA, entretanto, pode-se confirmar que: em que pesem as diversas definições, a IA tem o objetivo de desenvolver e treinar **máquinas que possuam capacidade de compreender conceitos e tomar decisões para realização de tarefas de modo autônomo.**

Automação Vs Inteligência Artificial

Já explicado o conceito de Inteligência Artificial, é salutar compreender o conceito de automação para, enfim, poder se discutir suas diferenças, e se há pontos em comum com a IA.

É muito frequente as pessoas confundirem os conceitos e compreenderem a automação como sendo uma IA. Contudo, a automação se conceitua como sendo um processo automatizado de máquinas, e estas funcionam com a mínima intervenção humana, como por exemplo, programar um computador para fazer um trabalho de forma repetitiva.

A automação surgiu juntamente com a informática na terceira revolução industrial e tinha a finalidade de auxiliar as produções para que estas pudessem ser gerenciadas apenas por comandos.

Nesse sentido, se percebe que a primeira e principal diferença da automação para IA é que a automação responde a comando, ao passo que a IA cria máquinas para agirem como humanos, de maneira perceptível. Ademais, apesar de diferentes, as duas representam importantes benefícios no âmbito do Direito a título de celeridade processual.

Outra diferença se encontra no fato de que a IA tem uma gama de benefícios a mais, a exemplo do cruzamento de informações, monitoramento de processos pela máquina, bem como pode oferecer resultados, auxiliando as tomadas de decisões, além de ajudar a escolher a melhor maneira de executar tarefas.

Contudo, apesar de diferentes, é perceptível que as duas tecnologias se completam, podendo claramente ser verificada a utilização de automação para a construção de um sistema com base em IA.

A exemplo, imagine uma porta na qual foi utilizada automação para que abra e feche à medida que as pessoas passam por ela. No mesmo caso, poderia ser utilizada IA para criar reconhecimentos faciais ou por meio digital, a fim de liberar a entrada de pessoas cadastradas nessa porta automática.

Portanto, a IA e a automação são tecnologias diferentes, que podem ser usadas de forma complementar uma a outra, podendo gerar resultados muito melhores e até mesmo reduzir os erros das máquinas.

IA e o Direito Na História

Inteligência Artificial, conforme visto, sugere um sistema capaz de realizar tarefas de forma autônoma. Nesse sentido, verifica-se que a IA e o Direito encontram-se em certos pontos. Atualmente, é possível perceber, por exemplo, no dia a dia dos advogados, quando fazem uso de aplicativos de pesquisas jurídicas, serviços on-line de atendimento, entre outros, a automação dos sistemas jurídicos. Entretanto, quando se fala em Inteligência Artificial, refere-se à capacidade de as máquinas realizarem tarefas de forma autônoma, dispensando a atuação humana.

Portanto, é imperial apresentar em que momento iniciou a aproximação dessa inteligência com o direito, verificando através de uma perspectiva histórica, demonstrando através dos projetos que já existiram, de que forma e em que contexto a IA e o Direito se comunicaram.

Estudos como a *mechanical jurisprudence* e *a jurimetrics* apontam que o início da computação da norma jurídica se deu na década de 1960. Na época, a tecnologia era utilizada basicamente para recuperação de informação jurídica, a exemplo, citemos o projeto de recuperação de textos legais, criado por John F Hortu, em 1956, na Universidade Health Law Centre of the Pittsburgh.

(Lucien Mehl, 1958) já vislumbrava a evolução da Inteligência Artificial atrelada ao Direito, verificando isso nas previsões sobre a possibilidade de computadores realizarem análise das decisões jurídicas em seu livro *Automation in Legal World: From the Machine Processing to Legal Information to the "Law Machine"*.

> Pode-se imaginar dois tipos básicos de máquinas jurídicas: (1) uma máquina de documentação ou informação, ou – em termos mais familiares- uma máquina para achar precedentes (ou textos relevantes), e (2) uma máquina de consultas; menos propriamente, uma 'máquina de julgamento'. Fundamentalmente não há diferença entre esses dois tipos de máquinas. (Tradução nossa).

Outro estudo que ajuda a evidenciar a temática da IA e o Direito em décadas anteriores é o de (Buchanan e Headrick,1970), os quais publicaram um artigo discutindo a possibilidade de modelagem de raciocínio e pesquisa jurídica, com enfoque na construção de argumentos e recuperação de informação jurídica. Tais autores relacionavam o raciocínio jurídico com as técnicas de Inteligência Artificial em problemas e soluções de antinomia, além do uso de analgias. Este artigo foi importante na época, pois deu início a diversos projetos envolvendo IA e o Direito.

Já o projeto conhecido sobre o tema foi o TAXMAN, que tinha o objetivo de analisar o raciocínio e argumentação jurídica. O referido projeto foi criado por L. Thorne McCarty na *Rutgers University,* foi iniciado em 1972, e primeiramente chamado de TAXMAN-I, cujo primeiro objeto era a criação de um sistema que pudesse determinar, com base em descrições de fatos de casos concretos e no *Internal Revenue Code* (identificava quais as reorganizações de sociedades eram isentas de taxas), quando uma sociedade estaria isenta de pagar impostos.

Entretanto, esse projeto apresentava dificuldade de representar contextos considerados complexos, como por exemplo, aspectos temporais e, frente a esses problemas, o desenvolvedor desse projeto criou o TAXMAN II, que utilizava um novo sistema e uma nova estrutura para aumentar a capacidade de representação conceitual.

De acordo com (FAMELI e BIAGIOLI,1989. p.364), o sistema utilizava linguagem diferenciada que capacitava o reconhecimento de conceitos.

Com este novo sistema, foi elaborada uma nova estrutura para a representação dos conceitos jurídicos, e uma metodologia de transformação capaz de reconhecer as relações entre conceitos, e onde as mudanças ocorriam a cada passo, tomadas em consideração as hipóteses correlatas, viria a constituir uma base conceitual, para a análise do raciocínio e argumentação.

Ademais, outros projetos também foram produzidos na década de 70, sendo eles em sua maioria Sistemas Especialistas Jurídicos (SEJ), como por exemplo, o projeto *Civel Code Legal Information Processing System* (CCLIPS), que foi iniciado por Maggs e Bessonet, tendo sido finalizado com colaboração de G.R. Criss (Cross et al, 1988). Este projeto diz respeito à análise lógica automatizada sobre sistemas de regras jurídicas. Além deste, cita-se também o projeto JUDITH, criado por W. G. Poop e B. Chlink, da Universidade de Heidelberg e Darmstadst. Tal projeto tratava-se de um programa que operava através de um sistema de perguntas e respostas onde o usuário poderia responder de forma positiva, negativa, ou declarar que não sabia, prestando auxílio aos juristas no campo do Direito Civil.

Certamente existiram muitos outros projetos como os citados, contudo pouquíssimos deles alcançaram o público. Destaca-se que somente na metade da década de 70, um projeto desse tipo foi utilizado pela população. Tratava-se de um Sistema Especialista Jurídico (SEJ) desenvolvido pela *Invercly de Welfare Benefits Project,* recebendo auxílio de David DuFeu e Mike Adler, ambos da Universidade de Edimburgo.

Esse sistema era dividido em três programas, um que verificava a instrução de clientes com o fim de impedir dificuldades, um que determinava a elegibilidade para benefícios e um que produzia cartas de avisos para o cliente.

A partir dos anos 1980 houve um crescimento na produção científica da Inteligência Artificial e o Direito, além da realização de congressos e conferências sobre o tema, o que possibilitou o intercâmbio de informações. Nesse diapasão, salienta-se o projeto *Imperial College Project*, desenvolvido por M Sergot, R. Kowalski e outros investigadores do *Imperial College*, cujo objetivo era criar uma SEJ que entendesse o conhecimento dos juristas e, para tanto, seria necessário que se fizesse a representação desses conhecimentos por meio de axiomas, a fim de que o sistema pudesse raciocinar.

Outro projeto importante desta época foi o chamado HYPO, criado por (D. Ashley e E.L. Risssland, 1990) da Universidade de Massachusetts, um sistema que era baseado em casos, e fazia uso de *hypotheticals*, o que os autores entendiam como sendo uma disputa legal inventada, que não foi decidida por um tribunal, mas cuja situação de fato é semelhante a casos reais.

Esse projeto era desenhado para atuar sobre certa parte do Direito nos Estados Unidos, na qual essa "inteligência" constituiria uma argumentação apropriada com base nos precedentes e exemplos guardados no próprio sistema. O HYPO implementava o Raciocínio Baseado em Casos (RBC), cuja finalidade era resolver problemas analisando o caso específico e procurando aspectos semelhantes a casos passados, com uso de precedentes do raciocínio jurídico, e baseado na afinidade dos casos.

Esse projeto foi considerado o estopim para o desenvolvimento de outros trabalhos, seguindo a ideia de sistema artificial de argumentação jurídica. Em verdade, a argumentação jurídica tem sido objeto de análise em diversos trabalhos, como se pode citar, a partir dos anos 1990, um projeto que buscava a formalização do procedimento judicial, o chamado *Pleading Games* de (Gordon,1993). Nesse projeto, o sistema simulava as fases pré-processuais, chamado de *pleadings*, onde a matéria fática era exposta juntamente com os meios de prova que poderiam ser utilizados, sem referências a questões de direito, no processo civil do *commom law*.

Trazendo a discussão para o século XXI, cita-se o exemplo do robô ROSS, criado em 2016 por uma startup canadense, que realiza tarefas de advogados, como por exemplo, registrar petições, criar documentos e realizar pesquisas jurídicas, sendo capaz de ouvir a linguagem humana e formular respostas a perguntas.

Dessa forma, verifica-se que não se trata unicamente de uma automação, e sim de inteligência de máquinas, ficando, portanto, demonstrado que a IA e o Direito vêm estreitando relação desde tempos atrás.

Segundo Carvalho (2017), o mundo jurídico já vive o potencial revolucionário das tecnologias da informação sobre práticas que se acreditavam ser imutáveis. O uso da Inteligência Artificial para realizar análise de licitações, contratos e até mesmo de decisões resultam da real possibilidade de previsão de decisões, assim como a automatização da advocacia são alguns exemplos de mudanças no mercado jurídico que podem transformar a advocacia contemporânea.

Sistemas com Base em Conhecimento Jurídico

Os sistemas que se baseiam em conhecimentos jurídicos, também conhecidos como *knowledge-based systems* representam um papel fundamental no campo da Inteligência Artificial atrelada ao Direito. Contudo, primeiramente é necessário fazer uma distinção entre os SBC (Sistemas Baseados em Conhecimento) e as SEJ, ***já*** citadas no corpo do trabalho.

Alguns autores fazem essa diferenciação, a exemplo, na visão de (Susskind,1987), a SEJ é um tipo de SBC, sendo a diferença encontrada no fato de que os SBC podem reconhecer uma fala, resolver problemas sem requerer participação humana. Já (Sartor,1990) entende que um SBC só é considerado um SEJ quando for capaz de cumprir tarefas que possam ser desenvolvidas por especialistas.

Portanto, entende-se que são dois sistemas inteligentes, sendo que um usa a experiência de um especialista para solucionar problemas jurídicos, no caso a SEJ e o outro se baseia unicamente nos conhecimentos jurídicos também para determinar soluções.

Inteligência Artificial e o Direito no Brasil

No Brasil já é possível verificar a aplicação da inteligência artificial no campo do Direito. A exemplo, temos os robôs Victor, o Victória e o Dra. Luzia. Além desses, muitos outros projetos estão sendo criados associando, seja a automação de computadores, quanto ao uso real da Inteligência Artificial com o foco em melhorar a vida dos advogados, bem como prestar auxílio nas tomadas de decisões.

Cumpre aqui tratar um pouco acerca dos exemplos citados para que haja um entendimento de como essas tecnologias atuam, bem como apreciar a sua funcionalidade para com o Direito. Primeiramente, o projeto Victor, desenvolvido pelo Supremo Tribunal Federal, cuja finalidade consiste em usar o reconhecimento de padrões nos processos jurídicos relativos a julgamento de repercussão geral do STF.

Esse projeto envolve a parceria entre cursos de Direito, Ciência da computação e Engenharia de Software da Universidade de Brasília (UnB) e a equipe especializada em Tecnologia da Informação do STF, visto que, mesmo contando com equipe especializada em Tecnologia da Informação, a Suprema Corte decidiu que a execução do projeto deveria ser feita por agentes externos sob sua fiscalização, para não sobrecarregar os especialistas do Tribunal, bem como para unir esforços multidisciplinares em pesquisa, proporcionando importantes ganhos também para a comunidade acadêmica brasileira (TOLEDO, 2018).

O sistema referenciado prevê a criação de modelos com base no *machine learning* para fazer a verificação dos recursos recebidos pelo STF, associando aos temas das repercussões gerais, com o intuito de auxiliar a tomada de decisão. Portanto, nota-se que não se trata de uma máquina que tomará a decisão final, e sim de uma máquina que possa fazer as triagens dos processos, analisando a estrutura e verificando a aplicabilidade de repercussão geral, haja vista que esse instituto foi criado levando-se em consideração um número notório de processos idênticos, bem como para evitar o julgamento diferente desses processos.

Espera-se que com a aplicação do Victor, possa haver mais agilidade no trabalho de avaliação judicial, e, por conseguinte, maior celeridade.

Outro projeto é o robô Victória, criado pela *startup Legal Labs*, e tem por fim interpretar petições, realizar bloqueios eletrônicos, agilizar atividades cartorárias, além de gerar decisões e, segundo seus criadores, a sua aplicação no Direito gera a redução do tempo de tramitação processual.

Esse sistema age basicamente em processo de execução fiscal e, dentre as funcionalidades do Sistema Victoria, destacam-se a integração da citação via AR ou Certidão do Oficial de Justiça para verificação da citação válida ou encaminhamento para novos endereços e a realização de bloqueios com comunicação integrada com o sistema BACENJUD, bem como consultas e determinação de restrições de veículos junto ao DETRAN, além de consultas com importação de extrato do INFOJUD. Destaca-se neste último, a análise da existência de bens que será feita pela IA.

Por fim, o robô Dra. Luzia, também criado pela *startup Legal Labs* revolucionou o cenário da IA associada ao Direito, visto que esse robô-advogada consegue compreender os processos, determinar seu andamento, e ainda identificar as soluções possíveis.

Esse robô também trabalha em causas relacionadas à execução fiscal e consegue realizar o peticionamento automático utilizando o *machie learning*, e ainda acompanhar os resultados, tendo sua aplicabilidade voltada para advocacias púbica e privada.

Até agora a abordagem da IA foi feita de forma ampla na área do direito, para verticalizar o entendimento a respeito dos segmentos propostos destacam-se algumas informações a respeito dos DIREITOS HUMANOS E ÉTICA.

O Que São Direitos Humanos?

Os Direitos Humanos em síntese são os direitos que todas as pessoas possuem simplesmente por serem humanas, independentemente da etnia, sexo, religião ou qualquer outra condição, portanto, são universais. São garantias dos Direitos Humanos os direitos essenciais a qualquer pessoa humana, como por exemplo, a vida, a liberdade de expressão, educação, liberdade, saúde, moradia, entre muitos outros.

Consagrados pela Declaração Universal dos Direitos Humanos (Paris,1948), esses direitos estão diretamente ligados à ética, valores, tendo também dimensão política e cultural, influenciando documentos como o Pacto de São José da Costa Rica, com seu ideal de ser humano livre.

Tal pacto se refere à Convenção Americana Sobre Direitos Humanos e foi celebrado pelos membros integrantes da Organização de Estados Americanos (OEA), que fora aberta à assinatura na Conferência Especializada Interamericana sobre os Direitos Humanos em 1978, em San José da Costa Rica.

Trata-se de um documento composto por 81 artigos e tem por objetivo estabelecer os direitos fundamentais da pessoa humana, como o direito à vida, à liberdade, à dignidade, entre outros, bem como proibir a escravidão e a servidão humana, além de tratar da liberdade de consciência e religião, e garantias judiciais.

O Brasil ratificou o referido documento em 1992, passando a ter validade no ordenamento pátrio a partir do Decreto nº 678/1992, e com a promulgação da Emenda Constitucional nº 45 de 2004, que tratava da reforma do judiciário. Os tratados que tinham por teor questões relacionadas a direitos humanos passaram a vigorar de imediato, e foram equiparados às normas constitucionais, devendo ser aprovados por um quórum de três quintos dos votos da Câmara dos Deputados e no Senado Federal em dois turnos em cada casa.

Dessa forma, pode-se compreender que os direitos fundamentais são a positivação dos direitos humanos, que foram incorporados pelo texto da Carta

Magna do Estado, elevando-os a um nível constitucional.
Na História dos Direitos Humanos, particularmente nos primórdios da existência da humanidade não existia a concepção de Direitos Humanos, entretanto, as concepções mudaram quando Ciro, o Grande, o rei da antiga Pérsia, após ter conquistado a Babilônia, em 539 a.C. tornou os escravos livres, além de declarar que as pessoas teriam o direito de escolher as suas religiões (WOLKMER, 2011). Tal declaração foi registrada num tablete de barro que ficou conhecido como Cilindro de Ciro.

Segundo a História, esse documento consagrou o nascimento dos direitos humanos, sendo espalhado por diversos lugares do mundo, chegando rapidamente em países como a Grécia, Índia e Roma. Nesse último país, chamado pela época histórica de Império Romano, já havia leis, conhecidas como leis naturais, haja vista que não havia uma documentação específica que a determinasse.

Pouco mais de mil anos depois (Petição de Direito,1628) fora registrado tal documento, esse elaborado pelo Parlamento Inglês, cujo objetivo era limitar as decisões do Rei sem autorização do Parlamento.

De acordo com Microsoft Encarta: "Declaration of Independency", em 1776, ocorreu a independência dos Estados Unidos, oportunidade em que foi publicada uma declaração que assegurava os direitos à vida, à liberdade, à busca pela felicidade e o direito de revolução, sendo que tais ideias influenciavam outros fenômenos do mesmo tipo, como por exemplo, a Revolução Francesa, em 1789.

A Revolução Francesa marcou fortemente os direitos humanos, tendo em vista que os acontecimentos marcantes que ocorreram durante essa revolução ensejaram a elaboração de um documento chamado Declaração dos Direitos do Homem e do Cidadão, e nesse documento ficou garantido aos franceses o direito à liberdade, segurança, propriedade e resistência à opressão.

Tais documentos ao longo da história são considerados precursores para a Declaração Universal de 1948.

IA e Direitos Humanos

Atualmente é comum as pessoas associarem os Direitos Humanos à ideia de "direito dos presos", haja vista que esses direitos são arduamente levantados quando se trata de uma situação de cerceamento de liberdade. Como visto, não se trata somente de direito à liberdade, e sim de um complexo de direitos inerentes à pessoa humana, e que garantem a sua dignidade.

Nesse contexto, frente à facilidade da verificação dos direitos humanos em casos de prisões, imaginem a utilização da Inteligência Artificial nesse contexto. De que forma a automatização das tomadas de decisões pode afetar a esfera criminal? Essa inovação é sinônimo apenas de efeitos positivos ou pode também gerar efeitos negativos?

Tais perguntas se tornam mais frequentes quando se verifica que a realidade das tomadas de decisões autônomas pela implantação de IA já existe, como citado anteriormente, sendo dado como exemplo o robô ROSS. E, nesse diapasão, para uma análise mais pontual, denotam-se quatro pontos para que esta análise possa emergir.

Primeiramente, as esferas escolhidas revelam como as tecnologias de tomada de decisão baseadas em Inteligência Artificial impactam todo o espectro político, civil, econômico, social e cultural garantido pela Declaração Universal de Direitos Humanos.

Em segundo lugar, os impactos positivos e negativos provocados pela IA não são distribuídos uniformemente pela sociedade. Algumas pessoas e alguns grupos experimentam impactos positivos das mesmas aplicações que provocam negativamente outros detentores de direito, sendo possível que em alguns casos, um aplicativo específico IA pode abalar positivamente o gozo de determinado direito humano a uma determinada classe de indivíduos, enquanto afeta adversamente o gozo do mesmo direito humano por outros. Nesse sentido, o estudo da responsabilização civil se mostra importante.

Em terceiro lugar, a Inteligência Artificial corre o risco de calcificar estratos sociais dos principais basilares dos direitos humanos que é a igualdade, o que, pode em última instância prejudicar o princípio da igualdade, visto que os sistemas de IA são treinados para replicar padrões de tomadas de decisões que aprendem a partir de dados inseridos pelo programador, os quais são baseados em preceitos humanos e o problema. Na medida em que uma IA replica com precisão os padrões passados de tomada de decisão humana, vai se consolidando um viés social existente.

Portanto, a IA não consegue mudar a sua perspectiva moral ao longo do tempo, como os tomadores de decisão humanos, o que nos permite depara--se com duas situações: a IA oferece a possibilidade de corrigir erros sociais, buscando corrigir erros e vícios humanos, mas, se não for constantemente avaliado, seu sistema pode não acompanhar as mudanças sociais, e assim, prejudicar o ideal de equidade.

Em quarto lugar, a maioria das tecnologias de Inteligência Artificial tem impacto no direito à privacidade. As IAs precisam de dados por natureza, eles são fundamentalmente baseados em algarismos, conforme visto anteriormente, examinando um vasto conjunto de dados para gerar as respostas e previsões.

Dessa forma, os sistemas de IA dependem da coleta, armazenamento, consolidação e análise de uma vasta quantidade de dados, e grande parte desses dados que alimentam o sistema de uma IA é identificável, conforme se pode ver a seguir sobre a questão da proteção desses dados.

IA e Ética

A palavra ética tem seu significado etimológico na palavra grega "*ethos*", que foi traduzida para o latim como "*morale*". Plácido (2000) compreende que ética é uma expressão única do pensamento correto, entendendo que se trata de uma forma única e universal do comportamento humano, que se expressa por princípios.

Portanto, a ética é responsável pelo estudo das atitudes certas ou erradas, investigando a natureza do que é considerado socialmente como sendo adequado ou moralmente correto. Referindo-se à ação humana, trata-se de um modo de vida construído socialmente com base nas relações sociais.

Primeiramente, cumpre recordar que a ideia da existência de robôs não é de hoje, portanto, há anos já havia uma preocupação com a ética relacionada a essas máquinas, conforme Asimov trata no seu livro "Eu, Robô", publicado em 1950, onde previu o surgimento dos robôs e apresentou as três leis da Robótica:

- 1ª Lei: Um robô não pode ferir um ser humano ou, por ócio, permitir que um ser humano sofra algum mal.
- 2ª Lei: Um robô deve obedecer às ordens que lhe sejam dadas por seres humanos, exceto nos casos em que tais ordens contrariem a Primeira Lei.
- 3ª Lei: Um robô deve proteger sua própria existência, desde que tal proteção não entre em conflito com a primeira e a segunda lei.

Segundo Schawab (2016), os dados estão transformando a sociedade, observando o que na história chamam de quarta revolução industrial, que representa uma era alimentada por dados, devido ao número de tecnologias que estão sendo integrados no nosso dia a dia.

O surgimento dos algoritmos, desde o advento da internet até os dias atuais, com a Inteligência Artificial despertou a necessidade da verificação da ética nesse âmbito, pelo fato de a IA ganhar espaço em vários campos de atuação. Quando se fala em IA, como já visto, tende-se a se deparar com um contexto no qual as máquinas podem se comportar e pensar como humanos. Dessa forma, provoca questionamentos no ponto de vista ético.

A IA se utiliza de aprendizado de máquina (*machine learning*) para que ela possa imitar humanos. Nesse sentido, o questionamento ético se volta para entender de que modo os princípios, valores e ética humanos se aplicam às máquinas ou se deve existir novos preceitos éticos para a IA. A atenção é dada pela necessidade de a IA ser amparada pela ética, uma vez que se não for amparada por preceitos éticos, a IA pode ser tornar um vetor para estimular preconceitos humanos.

Um exemplo dessa possibilidade é visto com o *chatbot* Tay, lançado em 2016 pela Microsoft. Como já explicitado, os padrões usados para tornar o sistema pensante são os dados. No caso exemplificado, o *chatbot* era alimentado com opiniões incorporadas, o que fez com que o Tay se tornasse em pouco tempo um admirador do nazismo e do incesto, pois os dados inseridos tinham por base, respostas de diálogos de adolescentes.

Nesse contexto, a ética de dados emerge como um instrumento para avaliar e compreender os desafios que essa tecnologia apresenta, bem como forma de estrutura para chegar a decisões moralmente justificáveis. Esse ramo específico da ética marca uma mudança de foco sobre o conteúdo (informação) que pode ser criado, registrado, processado e compartilhado através de meios tecnológicos para um foco nos dados (FLORIDI, 2016).

A ética de dado, conhecida também como *data ethics,* ficou definida como sendo um ramo da ética que estuda os problemas morais relacionados aos dados, aos algoritmos e às práticas correlatas com a finalidade de formular soluções moralmente aceitáveis.

Ademais, tendo em vista a problemática da ética na IA, um grupo de pesquisadores da IBM juntamente com o MIT Media Lab tem trabalhado em uma ferramenta de recomendações que tem por base a IA. Primeiramente, foi pensado num mecanismo de seleção de vídeos para permitir que os pais possam restringir os vídeos que seus filhos assistem. A proposta desse projeto é fazer com que as crianças só consigam ter acesso aos conteúdos próprios para suas idades.

Para realização desse projeto, utiliza-se o treinamento das regras, na qual a máquina aprende em dois estágios. Primeiramente, esse aprendizado inicia-se com a máquina off-line, momento em que será mostrado à máquina uma grande quantidade de dados, ou seja, vários exemplos do que deve e o que não deve ser evitado, a fim de que o próprio mecanismo considere o que é ético e o que não é.

No segundo estágio desse projeto, tem-se a participação humana para que a IA melhore os interesses dos usuários e consiga indicar aquilo que ele realmente queira ver, dentro dos parâmetros éticos predefinidos.

IA e Ética no Mundo

Na Europa, uma empresa de tecnologia chamada SAP anunciou em 2018 a criação de um comitê externo de ética voltado para a Inteligência Artificial, sendo considerada a primeira empresa a possuir um conselho consultivo sobre o assunto.

Outros países como o Canadá, por exemplo, investem em pesquisas sobre IA visando avaliar o impacto social da mesma. Uma iniciativa interessante foi a da Universidade de Montreal, iniciada em 2017 para ajudar a desenvolver a *Montreal Declaration for a Responsible Development of Artificial Intelligence* (Declaração de Montreal para o Desenvolvimento Responsável da Inteligência Artificial).

Tal declaração busca estabelecer preceitos éticos para o desenvolvimento da IA identificando valores como a autonomia, privacidade, justiça, democracia, bem-estar, dentre outros.

Portanto, a possibilidade real que as máquinas têm de infringir padrões éticos e morais traz inquietações no mundo todo, tendo em vista o uso da IA em diversos comportamentos e julgamentos do cotidiano. Nesse sentido, o IEEE (*Institute of Electrical and Electronic Engineers*) criou uma iniciativa global de considerações éticas voltadas para a IA.

Esse instituto dispôs princípios basilares para considerar o tema, quais sejam: princípio do benefício humano, a fim de que as IAs não desrespeitem os direitos humanos; princípio da transparência, da educação e consciência, para minimizar os riscos do mau uso da IA, e o princípio da responsabilidade, pelo qual os poderes eleitos ou até mesmo o judiciário devem criar normas de responsabilidade jurídica que envolvam a IA.

Responsabilidade Civil da IA

A temática da ética no contexto da IA está intimamente ligada à responsabilidade civil sobre os danos que essa tecnologia pode causar, haja vista que essa nova "era" já está acontecendo, portanto, surgem questionamentos nesse sentido.

Como visto, o objetivo das pesquisas relacionadas à IA tem por finalidade fazer com que as máquinas possam pensar como humanos, não se limitando apenas em gerar soluções, pois sua tecnologia se propõe a fazer com que essas máquinas possam analisar situações, raciocinando, entendendo e elaborando respostas, além de se autodesenvolver.

Dessa forma, o estudo da responsabilização civil por danos que a IA pode causar se faz salutar, contudo, primeiramente é imperial entender o conceito da responsabilização civil no ordenamento jurídico pátrio.

Trata-se de uma obrigação, reparar os danos provocados a outrem, que pode ser de ordem material ou moral, em consequência de atos ilícitos, podendo ser uma responsabilidade objetiva ou subjetiva.

A primeira não necessita de uma comprovação da culpabilidade para que exista a obrigação de indenizar, ao passo que na segunda se faz necessária a existência de comprovação da culpa de quem causou o dano. No caso de a pessoa que sofreu o prejuízo não conseguir provar a culpa, não irá existir a obrigação de indenizar.

Para o Direito Civil brasileiro, a responsabilidade civil é imputada a pessoas físicas e jurídicas, entretanto, quando se trata de máquinas não se tem uma regulamentação específica no país que reconheça a IA como um indivíduo sujeito a aplicação da lei, tampouco que regulamente como será realizada a responsabilização em caso de danos provocados pela IA.

Dito isso, e tendo em vista que para a criação das máquinas de IA é necessária a colaboração de programadores, empresários e outros, ainda assim se levanta o questionamento acerca da responsabilização desses últimos, pelos danos decorrentes dos atos dos robôs por eles desenvolvidos, atraindo a aplicação da legislação consumerista.

O direito consumerista, via de regra, adota a responsabilidade objetiva fundada na teoria do risco da atividade. Essa teoria dispõe que aqueles que recebem o bônus deverão suportar os efeitos maléficos da atividade, ou seja, as pessoas jurídicas respondem objetivamente pelos danos causados por sua atividade, conforme previsto em seus artigos 12, 14 e 18. No caso, a responsabilidade dos fornecedores de produto ou serviço que ocasionou dano ao consumidor sempre será objetiva. O dano referido se associa com a ideia de segurança do consumidor, sendo considerado defeituoso quando não fornece segurança ao consumidor.

Nesse sentido, o artigo 8º do CDC prevê que os produtos e serviços que são colocados no mercado de consumo não deverão causar riscos aos consumidores, os obrigando a fornecer as informações necessárias e adequadas a esse respeito. Contudo, quando se trata de IA, fala-se de uma máquina agir automaticamente, correndo o risco de que esta pratique atos não previstos pelo fabricante ou programador.

Dessa forma, questiona-se sobre a possibilidade do fornecedor e se a responsabilização desse não teria potencial de desestimular o desenvolvimento de novas tecnologias. Assim, há quem entenda que não se deva responsabilizar o fornecedor/fabricante para garantir o desenvolvimento tecnológico, tendo por base que o dano não ocorreria porque o fornecedor faltou com os seus deveres de segurança, e sim devido à grande dificuldade de conhecer um defeito.

Em contrapartida, há também quem entenda que a não responsabilização do fornecedor/fabricante acabaria por permitir que o consumidor arcasse sozinho na incerteza da tecnologia que vai adquirir, bem como assumiria os possíveis danos que viesse a sofrer, ou seja, haveria grandes chances de existir danos sem reparação.

Dado o exposto, no que diz respeito à responsabilidade civil no Brasil no âmbito da Inteligência Artificial, verificado que atualmente ela não é considerada numa entidade autônoma que possua personalidade jurídica, portanto, não seria diretamente responsável pelos seus atos, mas ficará à espera de uma regulamentação específica que trate sobre o tema.

Por outro lado, na União Europeia, o Parlamento Europeu editou em 2017 a Resolução 2015/2103 (INL) que trata de regras sobre Direito Civil e Robótica com o intuito de determinar princípios básicos para o desenvolvimento, utilização e programação da Inteligência Artificial.

A criação dessa resolução teve como mola propulsora os danos que decorreram de sistema de IA como carros autônomos, com o fim de buscar um responsável por esses danos, levando em consideração o fato de que os avanços da IA poderão ultrapassar a capacidade intelectual humana, o que leva ao questionamento de até onde os humanos terão controle sobre as máquinas.

Ademais, diante da complexidade para atribuir responsabilidade civil pelos atos autônomos da IA, o Parlamento Europeu sugeriu que fosse estabelecido um regime de seguros obrigatórios para fabricantes e usuários de tecnologia, que abrangeriam todos os danos decorrentes de atos autônomos da tecnologia, até mesmo os que não fossem decorrentes de falhas humanas.

Quanto à responsabilidade, declara a resolução que uma vez identificada a quem caberia o dever de indenizar, esta deveria ser proporcional ao nível de autonomia do robô, bem como de instruções que são dadas a ele. Ou seja, quanto maior a capacidade de aprendizagem, treinamento e autonomia, maior seria a responsabilidade de quem o treinou.

Verificadas as relações de IA e o Direito, bem como suas fundamentações, é oportuno trazer à tona a INTELIGÊNCIA ARTIFICIAL e os DIREITOS à LIBERDADE, à INTIMIDADE e à SAÚDE.

IA e o Direito à Liberdade no Contexto Criminal

O sistema criminal é conhecido como sendo o último direito a ser acionado, até porque quando se entra na esfera penal, comumente, já vem à cabeça a possibilidade de restrição do direito de ir e vir. Nesse sentido, entende-se a pertinência do estudo nesse contexto, tendo em vista que diz respeito à locomoção do indivíduo.

O direito à liberdade de locomoção está preconizado na Declaração Universal dos Direitos Humanos em seu artigo XIII, bem como no artigo 5º, XV da Constituição Federal, e por se tratar de um Direito Humano, cumpre verificar a viabilidade da atuação da IA nesse âmbito.

Dessa forma, a utilização da Inteligência Artificial no Brasil, no contexto criminal exige um comparativo com a aplicação dessa tecnologia nos Estados Unidos, haja vista que já existem casos das tomadas de decisões por sistemas com base em IA no sistema criminal desse país.

Primeiramente, registra-se que os EUA já fazem utilização da IA para prevenção de crimes, bem como para tomada de decisões, como já citado. A respeito da primeira utilização, cita-se o caso de New Orleans, onde o prefeito assinou um contrato com uma empresa de mineração de dados chamada Palantir Technologies, alimentou o software dessa empresa com dados do departamento de polícia da cidade.

A empresa, com essa inteligência, conseguiu identificar conexões de indivíduos com gangues locais, bem como as chances de pessoas se tornarem vítimas ou de cometerem um crime, podendo até mesmo identificar possíveis autores. Após a utilização dessa tecnologia, constataram que o número de assassinatos na cidade caiu 25% nos três anos seguintes.

Outro exemplo da aplicação da IA, no contexto criminal, nos EUA é a utilização de algarismos matemáticos para prever decisões tomadas pela Suprema Corte Americana. Esse experimento foi publicado na revista científica *PlosOne* e consistia em um algoritmo que fizesse previsões com base na análise de casos anteriores, mais precisamente, de dois séculos anteriores.

Esse algoritmo foi alimentado com dados dos casos desde 1816, mais algumas informações, como por exemplo, se foram feitas sustentações orais. Dessa forma, o algoritmo analisava e fazia as previsões, tendo sido registrada uma margem de setenta e cinco por cento de acertos pela máquina.

Além desse, registrou-se também um algoritmo que tinha a finalidade de determinar o grau de periculosidade de criminosos, no estado de Winscousin. Esse algoritmo auxilia no cálculo da pena de prisão e decide sobre a possibilidade de concessão de liberdade provisória através de um sistema de pontos que analisa as respostas dadas pelo réu em um questionário chamado Compas (*Correctional Offender Management Profiling for Alternative Sanctions*).

Nesse questionário são feitas perguntas para saber se a pessoa vive em área de alto índice de periculosidade, se alguém da família já foi preso, e o que a pessoa acha sobre pensamentos criminosos. Através dessa avaliação, o sistema identifica a possibilidade de concessão de liberdade convencional, ou se a pessoa vai ser solta com pagamento de fiança, por exemplo.

A intenção desse sistema é tornar as decisões judiciais menos subjetivas, ou seja, que possam incidir sobre elas o mínimo de influências humanas, evitando, portanto, erros humanos que possam se basear em preconceitos, bem como evitar decisões tomadas levando em consideração o emocional do juiz.

Apresentados os exemplos de aplicação atual de IA em um contexto criminal, e trazendo essa possível realidade para o Brasil depara-se com uma ordem constitucional que preconiza princípios como o da presunção de inocência, bem como o da individualização da pena, o que fez pensar que não se pode identificar a periculosidade de um indivíduo sem uma análise individualizada das circunstâncias da sua prisão.

Os requisitos para a concessão de liberdade provisória, por exemplo, estão previstos no Código de Processo Penal, em seu artigo 312:

> Art. 312. A prisão preventiva poderá ser decretada como garantia da ordem pública, da ordem econômica, por conveniência da instrução criminal, ou para assegurar a aplicação da lei penal, quando houver prova da existência do crime e indício suficiente de autoria.

E mais, a utilização de um sistema como o do algoritmo usado nos Estados Unidos tornaria inútil a realização de audiência de custódia, que é realizada para analisar a legalidade da prisão em flagrante, e existe para proteção dos direitos humanos do preso, conforme está prevista no Pacto de São José da Costa Rica.

No que tange ao cálculo da pena, a aplicação de um algoritmo, como referenciado, feriria o contido no artigo 59 do Código de Processo Penal, que institui que o cálculo da pena considera vários aspectos, como por exemplo, a personalidade do agente e a sua conduta social para a individualização da pena, senão vejamos:

> Art. 59 - O juiz, atendendo à culpabilidade, aos antecedentes, à conduta social, à personalidade do agente, aos motivos, às circunstâncias e consequências do crime, bem como ao comportamento da vítima, estabelecerá, conforme seja necessário e suficiente para reprovação e prevenção do crime.

Portanto, não se vislumbra a retirada total da subjetividade da análise para a tomada das decisões, uma vez que também não há garantia de total acerto pela máquina.

Dessa forma, não se verifica a possibilidade da aplicação da IA no contexto criminal no Brasil, no mesmo formato da aplicação dos EUA, contudo, ela pode ser explorada no campo de forma a prevenir crimes, bem como em soluções para acabar com problemas enfrentados pelo sistema criminal acional, como por exemplo, o superencarceramento.

IA e os Direitos à Intimidade

Vivemos numa era considerada tecnológica, visto que se utiliza tecnologia para realizar as mais diversas funções, desde trabalhar até mesmo para desenvolver relações interpessoais. Essa conexão é tão essencial que, atualmente, é raro existir um indivíduo que não tenha uma rede social, ou se comunica por meio de tecnologia.

Pode-se concluir que isso é resultado dos avanços tecnológicos, bem como a tendência é que os seres humanos utilizem cada vez mais os meios tecnológicos em suas vidas. Capurro (2010) acrescenta que as profundas transformações das sociedades industriais do século XIX e XX desencadearam o desenvolvimento da atual sociedade informatizada.

Corroborando com esse pensamento, Floridi, em seu livro *Informational Ethics: As Environmental Approach to the Digital Divide* explica que a sociedade é caracterizada essencialmente pelo acesso, armazenamento de informações e comunicação, visto que a sociedade informatizada é fruto de um conjunto de tecnologias de comunicação e de informação.

Nesse sentido, a intimidade dos seres humanos está intimamente ligada ao acesso a essas tecnologias, pois todos os dias as pessoas depositam dados nas plataformas de internet, seja para fazer um cadastro simples para usar um site, ou mesmo fazer compras online. Dessa forma, esse direito vive em constante risco de ser lesado frente à necessidade de dados para o funcionamento das IAs, razão pela qual se faz necessário o estudo dos reflexos dessa nova era nesse direito humano.

O direito à intimidade encontra-se previsto na Declaração Universal dos Direitos Humanos em seu artigo XII, bem como na Constituição Federal no seu artigo 5°, X, sendo considerado direito e garantia fundamental, e diz respeito à privacidade do ser humano.

Segundo ZAVALA DE GONZÁLEZ (1982), apud MORENO HERNÁNDEZ (1993) "a intimidade constitui uma condição essencial do homem que lhe permite viver dentro de si mesmo e projetar-se no mundo exterior a partir dele mesmo, como único ser capaz de dar conta de si e de fazer de si o centro do universo".

O direito Civil aborda o tema como direito da personalidade, aquele que é inerente ao ser humano, e por isso são absolutos, dotados de características como generalidade, indisponibilidade, imprescritibilidade, impenhorabilidade, entre outros. Ademais, o dispositivo ainda protege a vida privada, conforme apresenta o seu artigo 21, *in verbis*: "A vida privada da pessoa natural é inviolável, e o juiz, a requerimento do interessado, adotará as providências necessárias para impedir ou fazer cessar ato contrário a esta norma".

Portanto, a intimidade goza de total proteção, e verificado o contexto tecnológico, a proteção dos dados inseridos pelos usuários das tecnologias é essencial para que a IA não venha a lesar esse direito fundamental. Nesse contexto, os sistemas baseados em IA têm como combustível básico, uma grande quantidade de dados. Pode-se compreender que a funcionalidade desses sistemas está diretamente ligada à quantidade de dados que são depositados.

Tanto é que, existe uma preocupação quanto ao armazenamento e a proteção desses dados, haja vista que a proteção do direito à intimidade relacionada ao uso da IA tem íntima ligação com a proteção dos dados dos usuários, o que despertou no legislativo brasileiro a necessidade de criar a Lei Geral de Proteção de Dados.

Também conhecida pela sigla LGPD, a lei de n° 13.709 foi sanciona em 2018 por Michel Temer, entrando em vigor em 2020, tendo como principal objetivo regulamentar o tratamento dos dados pessoais de usuários de tecnologias.

A criação da referida lei é inspirada pela regulamentação europeia que foi considerada pioneira na proteção de dados pessoais, o Regulamento Geral de Proteção de Dados, que ficou conhecida com a sigla GDPR. Tal regulamento surgiu frente a escândalos de vazamento e compartilhamento de dados por grandes empresas de tecnologia, como o Facebook, sem o consentimento dos titulares.

Criada com o objetivo de oferecer uma segurança jurídica e transparência aos cidadãos em relação ao uso de suas informações pessoais que são armazenadas nos bancos de dados dessas empresas, a GDPR se tornou uma espécie de atualização de uma lei de privacidade que já era vigente na União Europeia desde 1995.

Contudo, a GDPR é considerada válida somente para as empresas com base na Europa, e que utilizam dados de europeus, entretanto, as grandes empresas de tecnologia estão estendendo o cumprimento das exigências desse regulamento a todos os usuários, independente do país de origem.

A Lei Geral de Proteção de Dados (LGPD) regula o tratamento de dados, tratamento esse que pode ser entendido como sendo qualquer procedimento que envolva o uso de dados pessoais, como por exemplo, o compartilhamento e o armazenamento, e o processo exige que as empresas tenham em seu quadro as seguintes figuras profissionais: controlador, operador e encarregado.

O primeiro toma as decisões sobre o tratamento dos dados e essas decisões são colocadas em prática pelo operador, e o encarregado será responsável pela comunicação entre o controlador, a pessoa dona dos dados e o responsável pela fiscalização da lei.

Antes da LGPD, Doneda (2011) explica que a proteção de dados pessoais tinha por fundamento normativo o direito à vida privada e à intimidade, estabelecidos na Constituição Federal em seu artigo 5°, X, assim como tinha como base dispositivos legais esparsos, como no Código de Defesa do Consumidor (Lei n° 8.078/90), Lei de Habeas Data (Lei n° 9.507/1997) e o Código Civil (Lei n° 10.406/2002).

Essa preocupação com proteção de dados existe desde o Marco Civil da Internet (Lei n° 12.965/2014), haja vista que foi com a tecnologia da informação que o tratamento de dados adquiriu o seu o alcance atual.

Dessa maneira, cumpre informar que a Lei Geral de Proteção de Dados tem como fundamento o respeito à privacidade, a autodeterminação informativa, a liberdade de expressão, de informação, de comunicação e de opinião, a inviolabilidade da intimidade, da honra e da imagem, o direito ao livre desenvolvimento da personalidade, o desenvolvimento econômico e tecnológico, a livre iniciativa, a livre concorrência e a defesa do consumidor, conforme consta em seu artigo 2°.

Ademais, os tratamentos de dados deverão observar a boa-fé, assim como os princípios estabelecidos em seu artigo 6°, quais sejam: a finalidade, a adequação, a necessidade, o livre acesso, a qualidade dos dados, transparência, segurança, prevenção, não discriminação e a responsabilização e prestação de contas. A leitura do artigo confere uma percepção de que o legislador prezou pela ética no tratamento de dados, sendo os princípios referenciados explicados no mesmo artigo conforme demonstrado:

> Art. 6° As atividades de tratamento de dados pessoais deverão observar a boa-fé e os seguintes princípios:

I - finalidade: realização do tratamento para propósitos legítimos, específicos, explícitos e informados ao titular, sem possibilidade de tratamento posterior de forma incompatível com essas finalidades;

II - adequação: compatibilidade do tratamento com as finalidades informadas ao titular, de acordo com o contexto do tratamento;

III - necessidade: limitação do tratamento ao mínimo necessário para a realização de suas finalidades, com abrangência dos dados pertinentes, proporcionais e não excessivos em relação às finalidades do tratamento de dados;

IV - livre acesso: garantia, aos titulares, de consulta facilitada e gratuita sobre a forma e a duração do tratamento, bem como sobre a integralidade de seus dados pessoais;

V - qualidade dos dados: garantia, aos titulares, de exatidão, clareza, relevância e atualização dos dados, de acordo com a necessidade e para o cumprimento da finalidade de seu tratamento;

VI - transparência: garantia, aos titulares, de informações claras, precisas e facilmente acessíveis sobre a realização do tratamento e os respectivos agentes de tratamento, observados os segredos comercial e industrial;

VII - segurança: utilização de medidas técnicas e administrativas aptas a proteger os dados pessoais de acessos não autorizados e de situações acidentais ou ilícitas de destruição, perda, alteração, comunicação ou difusão;

VIII - prevenção: adoção de medidas para prevenir a ocor-

> rência de danos em virtude do tratamento de dados pessoais;
> IX - não discriminação: impossibilidade de realização do tratamento para fins discriminatórios ilícitos ou abusivos;
>
> X - responsabilização e prestação de contas: demonstração, pelo agente, da adoção de medidas eficazes e capazes de comprovar a observância e o cumprimento das normas de proteção de dados pessoais e, inclusive, da eficácia dessas medidas.

Importante considerar que a referida lei protege diversos tipos de dados bem como conceitua cada um e, assim como a legislação europeia referenciada, protege dados denominados de pessoal sensível. Esses dados que revelam informações pessoais são um risco significativo para a privacidade, como por exemplo, opinião política, convicção religiosa e dados biométricos.

No caso desses tipos de dados, a regra é que não seja realizado tratamento, contudo, a LGPD, em seu artigo 11 estabelece as exceções em seus incisos I e II, ou seja, quando há o consentimento específico e destacado para uma finalidade específica ou quando o seu tratamento for indispensável para cumprir obrigações legais do controlador dos dados, realização de estudos, exercício regular do direito, entre outros.

Por fim, essa legislação prevê punições para quem violar as suas regras, sendo necessária a análise da gravidade da situação para a fixação da punição, e a fiscalização dessa lei será, em tese, feita por uma autarquia denominada Autoridade Nacional de Proteção de Dados (ANPD), ligada ao Ministério de Justiça.

IA e a Saúde

O direito à saúde consta na Declaração Universal dos Direitos Humanos em seu artigo XXV, que assegura que todo o ser humano tem direito a um padrão de vida capaz de assegurar dentre outras coisas, o direito à saúde e ao bem-estar. Dessa forma, o direito à saúde é indissociável do direito à vida.

Na Constituição Federal de 1988, esse direito encontra-se classificado como Direito Fundamental, em seu artigo 6°, bem como é reconhecido como um direito de todos e dever do Estado, garantindo políticas que visem à redução do risco de doenças, bem como o acesso universal e igualitário às ações e serviços para sua promoção em seu artigo 196.

Sendo um direito humano, conclui-se que a garantia desse direito é fruto de lutas históricas, sendo elevado a nível constitucional e considerado um dos mais importantes direitos consagrados pela Carta Magna de 1998, visto que contempla, bem como protege o bem da vida.

Contudo, conforme dito, o direito à saúde é uma reivindicação antiga, sendo a sua implementação, no rol de direitos humanos, considerada moderna, visto que o primeiro registro documental de declaração de direitos é da Idade Média, a chamada Magna Carta da Inglaterra, em 1215.

Nesse documento já eram assegurados alguns direitos, como por exemplo, o direito de não ser preso sem o devido juízo legal, entretanto, nesse período não se falava em direito à saúde, haja vista que as doenças eram consideradas castigos divinos, sendo quase impossível disciplinar a saúde.

O tempo em sua previsibilidade, e, mais precisamente no período que precede a primeira revolução industrial, esse quadro mudou frente à urbanização e a necessidade de os donos de indústrias manterem seus funcionários saudáveis para melhorar a linha de montagem e, com o passar dos anos, foi sendo associado à conscientização dos operários quanto aos meios de trabalho, que proporcionaram mudanças bruscas na saúde.

A partir da sua inclusão como sendo direito humano, bem como direito fundamental assegurado pela Constituição Federal, o Direito à saúde ganha grande importância no meio jurídico, pois, esse direito tem íntima ligação com a proteção do direito à vida.

Nesse sentido, e no que tange a relação entre a saúde e a IA, chama-se atenção para o campo denominado Inteligência Artificial na Medicina, que, em síntese, consiste na aplicação dessa tecnologia no contexto médico, podendo ter diversas aplicações, desde *softwares* capazes de prover diagnósticos a robôs que auxiliam em cirurgias.

Dentre as diversas aplicações da IA na Medicina, uma das mais recorrentes é o uso de Sistemas Especialistas (SE) que, segundo Guarizi e Oliveira (2014, p. 27) "são programas planejados para adquirir e disponibilizar o conhecimento operacional de um especialista humano em uma determinada área ou campo de atuação. "

Esses sistemas são usados em tomadas de decisão em atividades médicas, como por exemplo, em diagnósticos e planejamento terapêutico, sendo a sua atividade voltada tanto para dar suporte à decisão a ser tomada pelo médico ou até mesmo o próprio sistema toma a decisão. Os SE se voltam para desenvolver aplicações com semelhança a comportamento humano, planejados para disponibilizar e adquirir o conhecimento de um especialista humano em uma determinada área de atuação, sendo considerado um suporte para decisões, pois consegue apoiar disposições, mas também tomar a decisão.

Ademais, esses sistemas se valem de tecnologia de *Deep Learning*, ou seja, redes neurais artificiais, principalmente quando se trata de Sistemas de Apoio a Decisão Clínica (SADM), que são "softwares desenvolvimentos para aprenderem com base nos dados inseridos e ajudarem na análise de dados como imagens de mamografias, colonoscopias ou mesmo dados de acompanhamento clínico para prognósticos" GUARIZI,(2014).

Um SE que marcou a aplicação da IA na saúde foi o MYCIN, desenvolvido por Edward Shortliffe, o qual propôs a construção de um sistema especialista artificial voltado para a antibioticoterapia. Esse sistema foi desenvolvido como sua tese de doutorado e foi considerado o primeiro programa que solucionava problemas de raciocínio.

Esse projeto foi desenvolvido para identificar as bactérias causadoras de infecções consideradas graves, como por exemplo, a meningite, bem como para recomendar o antibiótico específico, com a dose adequada para o paciente.

O MYCIN diagnosticava também doenças de coagulação sanguínea com base nos sintomas e testes, assim como solicitava exames laboratoriais, se necessário, chegando a um resultado provável e recomendando um tratamento apropriado.

Exemplos da aplicação da IA na medicina são: a manutenção de dados dos pacientes, assim o médico pode ter conhecimento do histórico do paciente, além de reforçar os diagnósticos, tendo em vista que a IA propõe uma análise segura e precisa, o que facilita o processo de diagnóstico, bem como auxilia no diagnóstico precoce de doenças, fazendo associação de sintomas e relacionando-os ao histórico do paciente, além de realização de cirurgias com a utilização de robôs, predição de fatores de risco e triagens inteligentes.

Conforme se sabe, a IA necessita de dados para funcionar e, nesse sentido, esses dados são coletados no momento de triagem ou de anamnese, se juntado ao prontuário médico, com exames complementares, e usando algoritmos definidos com capacidade de se atualizar a cada informação adicionada, logo a IA pode analisar esses dados e propor diagnósticos diferentes de enfermidade e a probabilidade de cada uma.

Como exemplos de experiências do uso da IA na medicina, duas das mais importantes são a *Watson Health*, da IBM, e o *Deep Mind*, da Inglaterra, as quais processam as informações armazenadas na "nuvem" de oncologia e de avaliação de risco, além de evolução dos pacientes.

Esses sistemas registram grandes números de casos com um esquema de diagnósticos, além de tratamentos prescritos e os resultados que foram obtidos a fim de permitir uma expansão do conhecimento médico, bem como promove a sugestão de condutas a serem seguidas com base em probabilidade.

A tecnologia do *Watson* se utiliza de redes neurais, processando demandas específicas, conseguindo obter uma precisão de 86% no diagnóstico de retinopatia diabética, realizado em trinta e cinco mil imagens de retina acessadas pela tecnologia da própria IBM de identificação de lesões em vasos sanguíneos, a EyePACs. O *Deep Mind* também se utiliza de redes neurais e tem sido usado com finalidade de buscar as causas de cegueira, através de avaliação de *scans* visuais.

No Brasil, a FioCruz criou um Centro de Integração de Dados e Conhecimento para Saúde (CIDACS) em 2016 buscando integrar os dados de saúde e políticas sociais de brasileiros contemplados em programas sociais, como Bolsa Família a fim de criar uma base única de dados, preservando a confidencialidade desses dados.

Ademais, foram criadas plataformas de vigilância na saúde, incorporação de tecnologias e inovação em sistemas de informação para apoiar o Sistema Único de Saúde, bem como estudos sobre sustentabilidade urbana associada à saúde.

Nesse sentido, o Big Data impactou o setor de saúde, haja vista a necessidade de um grande volume de dados para que a IA possa funcionar com menores chances de erros, e de acordo com Yang e Veltri (2015, p.2), as fontes usadas na saúde para captação de dados são: (i) registros médicos eletrônicos e textos clínicos; (ii) sinais e imagens biomédicas; (iii)dados provenientes de sensores utilizados nesse setor; (iv) base de dados genômicas e farmacêuticas; (v) sistemas de relatórios espontâneos; (vi) literatura de saúde e biomedicina e (vii) dados de mídias sociais.

Apesar de vislumbrar uma aplicabilidade positiva da IA na saúde, ela não cabe em toda e qualquer situação médica. Como pontua Luxton (2014, p. 7), "a extensão da aplicação da IA na área médica dependerá de um equilíbrio entre os seus prós e contras". Ou seja, de um lado essa tecnologia traz muitos benefícios para os usuários, de outro, levanta-se o questionamento da adoção dessa tecnologia em determinados campos da medicina, como por exemplo, no caso da saúde mental.

Luxton (2014, p.7) acrescenta que outra vantagem desse sistema é o "fato de que ele não está sujeito a falhas humanas, como por exemplo, o stress, o cansaço, erros cognitivos, esquecimento, ansiedade, até mesmo preconceitos", além de pontuar também que do ponto de vista econômico o uso dessa tecnologia só traz vantagens, visto que aumenta a produtividade, bem como torna a prestação de serviços muito mais eficiente.

Entretanto, o uso de IA na medicina encontra uma barreira quanto à sua aplicabilidade, visto que se questiona a sua adoção em áreas da medicina como a da psiquiatria, onde a empatia entre o médico e o paciente é fundamental para o tratamento. Trata-se de uma questão subjetiva, pois a análise do comportamento humano pelo profissional médico depende do seu nível de interação com o paciente.

Portanto, verifica-se uma série de benefícios da utilização da IA na saúde, no sentido de eficiência de atendimentos, diagnósticos, auxílios em cirurgias, porém o uso dessa tecnologia não se estende a todas as especialidades da ciência médica.

Conclusão

Considerando-se os vários aspectos aqui mencionados entende-se de certo modo que a Inteligência Artificial já está inserida na rotina diária das pessoas, e que o seu crescimento é inevitável, visto que as sociedades estão cada vez mais tecnológicas, e há uma busca incessante dentro da comunidade científica em estudar e aplicar de forma mais amiúda o uso dessa tecnologia no cotidiano.

Analisando as conceituações de Inteligência Artificial, assim como outros conceitos que a ela estão relacionadas, além do seu contexto histórico, depreende-se que o estudo e a utilização dessa tecnologia atrelada ao direito não é novidade do século XXI.

Atravessando pelos modelos de utilização de IA no Direito no Brasil, compreende-se que essa ideia que era tida como futurística já se encontra em funcionamento, e tem por fim auxiliar e agilizar no contexto de um judiciário abarrotado de processos, com a automatização das tomadas de decisões proporcionando, assim, melhorias na organização e nas pesquisas dentro dos fóruns e escritórios de advocacia.

No que se refere aos Direitos Humanos, alguns pontos acerca da aplicabilidade são levantados, no que diz respeito aos impactos não só na esfera social, mas também nas esferas políticas, econômicas, e cultural, além da necessidade do estudo da responsabilização pelo fato de que pessoas podem vir a sofrer impactos negativos ou até mesmo danos pela utilização da IA no direito. Ademais, a necessidade de atualização dos dados para que a IA possa acompanhar as mudanças sociais a fim de evitar a ossificação nas tomadas de decisões, visando a proteção do princípio da igualdade e, por fim, acerca da proteção da intimidade dos usuários de IA haja vista que estes são os que fornecem os dados para o funcionamento dessa tecnologia.

Concluiu-se que a IA tem como principal combustível de funcionamento a utilização de dados e, em grande quantidade, verifica-se que quanto maior a quantidade de dados, maior a chance de precisão de uma IA. É nesse cenário que se iniciam as indagações acerca da ética no tratamento desses dados.

Compreendendo o conceito de ética, bem como atrelando a ideia de ética relacionada às máquinas com Inteligência Artificial, verifica-se que é um desafio agregar preceitos éticos humanos em máquinas que podem aprender sozinhas, restando pensar que os dados que darão suporte a essa tecnologia devem ser tratados de maneira a estruturar as decisões tomadas por essas máquinas, para que as mesmas possam ser moralmente aceitas.

Nesse contexto, o surgimento de ramos de estudo como o de ética de dados surge para estudar os problemas morais relacionados aos dados, assim como fora verificado como outros países estão lidando com a questão e a disposição de princípios, dentre os quais se destaca o do benefício humano, cuja finalidade é de proibir que as IAs desrespeitem os direitos humanos.

Acerca da aplicabilidade da IA relacionada ao direito à liberdade, no contexto criminal, verifica-se através do estudo de como esta vem sendo aplicada nos EUA, e já é utilizada como mecanismo de tomada de decisão, buscando tornar as decisões judiciais menos subjetivas para evitar que sejam tomadas com interferência de erros humanos, ou que sejam baseadas em preconceitos.

Contudo, a utilização dessa maneira no Brasil seria considerada antiética, visto que os moldes utilizados para aplicação da IA ao contexto criminal nos EUA não respeita o preconizado pela ordem constitucional brasileira, quais sejam: o princípio da presunção de inocência e da individualização da pena.

Portanto, a retirada total da subjetividade na análise das tomadas de decisões que os EUA pretendem com a utilização da IA no contexto criminal não encontra espaço no Brasil, entretanto, pode ser utilizada de forma diferente, como, por exemplo, criando soluções para problemas que envolvem o contexto, no caso do superencarceramento.

No que tange à utilização da IA relacionada ao direito à intimidade percebe-se, desde logo, que esse tema encontre ligação íntima com a proteção de dados, haja vista que os dados são a fonte primária para o funcionamento da Inteligência Artificial.

A proteção dos dados trouxe à tona a Lei Geral de Proteção de Dados, cuja finalidade é regulamentar o tratamento dos dados dos usuários de tecnologias, além de oferecer segurança jurídica e transparência. Embora ainda não esteja em vigência, essa Lei, conhecida como LGPD deixa claro que o tratamento de dados deve ser realizado seguindo a ética, relacionando a boa-fé, bem como

princípios que esse tratamento deve observar.
Acerca do direito à saúde, observam-se muitos resultados positivos sobre a utilização da IA nessa seara, verificando-se na manutenção de dados dos pacientes, reforço de diagnósticos, cirurgias utilizando robôs, entre outros. Tais utilizações não esbarram em barreiras éticas, pois os dados que as IAs usam nesse contexto devem respeitar os princípios dispostos pela LGPD.

A aplicabilidade da IA à saúde não é ampla, pois ainda não pode alcançar todos os campos da medicina, como por exemplo, na psiquiatria, onde o resultado de qualquer tratamento, bem como a identificação de algum problema depende do nível de empatia que o médico tem com o seu paciente.

Por fim, acerca do estudo da atribuição de responsabilização civil sobre os danos causados pelas IAs, concluiu-se que se trata de uma possibilidade complexa, tendo em vista que dentro da legislação brasileira, nada se tem acerca de responsabilização de máquinas, tampouco se elas são seres que possuam personalidade.

Passando pelas possibilidades de responsabilização dos fornecedores/fabricantes, com aplicação de legislação consumerista, bem como pelo estudo de como outros países tratam da responsabilidade civil das máquinas, como o exemplo da União Europeia, concluiu-se que no Brasil, essa responsabilização aguarda uma regulamentação específica, seja para indicar se há personalidade jurídica nas máquinas, ou para determinar uma possível responsabilização dos fornecedores/fabricantes.

Referências

CARVALHO, Angelo Gamba Prata de. Juristas e Ludistas no Século XXI: A Realidade e a Ficção Científica do Discurso sobre o Futuro da Advocacia na Era da Informação. p. 185 -199 in FERNANDES, Ricardo Vieira de Carvalho; COSTA, Henrique Araújo; CARVALHO, Angelo Gamba Prata de (Coord.). Tecnologia jurídica e direito digital: I Congresso Internacional de Direito e Tecnologia - 2017. Belo Horizonte: Fórum, 2018. 485p.

BRASIL. Constituição da República Federativa do Brasil de 1988. Brasília, DF
GUARIZI, Débora Deflim; OLIVEIRA, Eliane Vendramini. Estudo da Inteligência Artificial aplicada na área da saúde. Colloquium Exactarum, vol. 6, n. especial, JulDez, 2014, p. 26-37

Pacto de San José da Costa Rica sobre direitos humanos completa 40 anos. Disponível em http://www.stf.jus.br/portal/cms/verNoticiaDetalhe.asp?idConteudo=116380

TAURION, C. (25 de 11 de 2014). Entre os Vs do Big Data, velocidade cresce em importância. Disponível em CIO: http://cio.com.br/tecnologia/2014/11/25/entre-os-vs-do-big-data-velocidade-cresce-em-importancia/;

YANG C. C, VELTRI P, Intelligent healthcare informatics in big data era, Artificial Intelligence in Medicine (2015), http://dx.doi.org/10.1016/j.artmed.2015.08.002.

Impressão e acabamento
Gráfica da Editora Ciência Moderna Ltda.
Tel: (21) 2201-6662